操盘人生

李海峰　江湖格掌门◎主编

台海出版社

图书在版编目（CIP）数据

操盘人生 / 李海峰，江湖格掌门主编．-- 北京：台海出版社，2024.2

ISBN 978-7-5168-3800-6

Ⅰ．①操… Ⅱ．①李… ②江… Ⅲ．①市场营销—通俗读物 Ⅳ．① F713.3-49

中国国家版本馆 CIP 数据核字（2024）第 012377 号

操盘人生

主　　编：李海峰　江湖格掌门

出 版 人：蔡　旭　　　　封面设计：末末美书
责任编辑：魏　敏

出版发行：台海出版社
地　　址：北京市东城区景山东街 20 号　邮政编码：100009
电　　话：010-64041652（发行，邮购）
传　　真：010-84045799（总编室）
网　　址：www.taimeng.org.cn/thcbs/default.htm
E-mail：thcbs@126.com

经　　销：全国各地新华书店
印　　刷：三河市嘉科万达彩色印刷有限公司
本书如有破损、缺页、装订错误，请与本社联系调换

开　　本：880 毫米 ×1230 毫米　1/32
字　　数：240 千字　印　　张：11.75
版　　次：2024 年 2 月第 1 版　印　　次：2024 年 2 月第 1 次印刷
书　　号：ISBN 978-7-5168-3800-6

定　　价：69.80 元

前言 PREFACE

操盘自己的人生

这本《操盘人生》写的不只是一群操盘手的人生。

真正的高手能从中领会，自己的人生应该如何操盘。

不是所有人都能做 IP，但是所有人都必须做自己的人生操盘手。

感谢江湖格掌门邀请我助力她编写这本关于操盘手的合集。从中你可以看到，每个成功的操盘手都身怀绝技，懂商业、会变现、能成事、善交际。

普通人可能在感慨人生“每一步都算数”，但操盘手想的是，如何“每一步都精进”。

好的操盘手在一次次的实战中，不断地强大自己。他们不一定站在闪光灯下，但他们周围的人都能看到他们闪闪发光。

他们都善于使用自己独特的知识服务好特定人群。

我们把与所有操盘手联系的二维码都放到了书里，如果你阅读完他们的文章后，被他们吸引，被他们触动，可以加他们为好友，与他们深度互动。在这里，我将我的读书笔记分享给你，算是一道开胃小菜。

江湖格掌门是多家百亿级企业的商业顾问、某大型企业亚洲十国私域赋能者；打造超10万个社群，实现超1亿元变现；用8年操盘了100多个IP项目，培养了1万多名操盘手；更是“亿万操盘手私董会”的发起人，致力于陪伴和赋能每一个创新企业实现用户10倍速黏性增长。

人间富贵帆是自在堂创始人、千帆太太商学院创办人，主办过几百场关于家庭关系、情绪管理以及个人成长的线下学习活动，令上万人受益。在本书中，她分享了五个自己作为“人生赢家”的操盘心法，帮助新手操盘手们建立起一套属于自己的操盘思路和体系。

金刚是著名的MCN公司九尾传媒的创始人兼董事长，也是一名有着20年电商经验的专家。他独创了一套不花钱的自然流IP变现打法，不花一分钱广告费，单纯凭借自然流量，在全网稳稳拿下矩阵 3.1 亿粉丝，你想知道他是怎么做到的吗？答案就在这本书中。

一条鱼是始终深耕私域生态的操盘手，凭借有且只有一个微信账号“嘿！一条鱼”起步，独创私域精细化运营体系、朋友圈自动成交体系两套心法，从小流量实现大变现，帮助无数企业走出困境，重回巅峰。

毛玉博是私域低转高商业操盘手、亿万操盘手平台导师，从 3 人团队一年操盘变现 100 万元，增长到 280 人团队单月操盘变现 5000 万元。毛老师在书中分享了他成长为一名顶级操盘手背后的思维方式和底层逻辑，可以帮助你更好地做出人生中的关键选择。

李菁是女性个人品牌商业顾问，在微信生态圈创建了“菁凌研习社”这个知识服务平台，为素人提供从“0”到“1”打造可变现个人品牌的一系列知识服务类产品。她还是一位畅销书作家，代表作《让热爱的一切梦想成真》，鼓励无数读者勇敢追梦。

丹娜曾是前百度、字节跳动分公司的运营总监，辞职后创业，仅用了 3 年，就从一个打工人成长为一个千万级企业 IP 操盘手、自然流 IP 孵化创始人，培养了 1000 多名 IP 孵化手，服务 IP 变现 5000 多万元。

少雄辰妈从一位完全没有家庭教育行业基础的妈妈，成长为千万级家庭教育赛道的发售操盘手，仅用了6年时间，服务的家庭超过3万个。她立志用自己的成功经验，帮助因想照顾孩子、陪伴孩子而回归家庭的妈妈们，找到一份在带好孩子的同时还能获得高额收入的工作。

凌笑妮是家庭教育赛道的顶级操盘手，自律升学创始人，曾出版畅销书《自律的孩子成学霸》。她曾在多所海淀中小学中开展讲座，并运用完整的学霸培养体系，帮助多名成绩垫底的孩子一跃成为班级第一名，完成逆袭。

赵亮是一个流量操盘手、IP孵化手，对于流量有着全面而深刻的认知，帮助过无数IP和操盘手掌控流量密码，实现高效变现。

乔帮主是品牌IP内容营销公司的创始人、创造者IPAIX商业操盘联盟发起人、创造者私董会主理人。他通过AI技术，批量打造既有影响力又充满吸引力的个人品牌，为无数人的商业梦想赋能。

邱邱是千万房产IP操盘手，经历了从千亿房企品牌负责人，到个人品牌商业顾问的转变，通过"家庭教育操盘手计划"，赋能那些有才华的妈妈，帮助她们重新找到自己的定位，最大程度上释放她们的影响力和商业变现能力。

烁琦从深陷抑郁情绪，到加入"亿万操盘手私董会"，在跟随格掌门学习操盘手知识的过程中，一步步找到人生的新方向，获得突破自我的勇气和力量，并用一颗感恩的心去面对世界，陪伴无数伙伴一起成长。

米大侠深耕教育16年，创业10年，历经7个项目，最后选择成为一名IP发售教练，她所研发的飞轮发售体系，让数万人受益。

李晞榕是商业操盘手、商业咨询顾问，有着17年知名外企的项目管理经验，她结合过往经验及新商业全链路体系，成为商业操盘手，赋能超级个体及企业。

文静老师是一名IP发售销讲主持人，也是一名资深商业表达力教练，通过一次IP主持操盘迅速出圈，陆续收到很多头部IP的合作邀请，成为IP圈从不为人知到为人熟知速度最快的案例，被誉为“IP圈最懂商业的主持人”。

十八小艺是一名AI操盘手，也是一名人工智能AI工程师，打造了AI助理小程序“十八般小艺”，组建了AISOP联盟并担任主理人，为客户提供AI标准化工具定制服务，探索AI赋能各实体行业。

李哲是一名“90后”连续创业者，曾不断尝试和探索不同的赛道和项目，之后全身心投入心理咨询师培训赛道，成立了自己的公司——哲善心理，致力于打造一站式培养心理咨询师的平台。

詹欣圳是引力计划创始人，旨在帮助那些想去影响世界的人，通过直播、短视频等互联网的宣传方式，帮助他们打造更大的影响力。

私域张少帅是心流跳动传媒创始人，有着12年电商团队管理、8年私域运营实战经验，曾取得年变现9位数的战绩；他还是原创"私域变现爆单王"课程的主讲，帮你掌握私域变现密码。

许添是12年健康美食节目主持人，人称大表哥。从轻断食到身心灵领域头部博主，带领上万人从减重开始，重建自我认知，活出美好状态。

安琪是一名“95后”团队管理教练，有着6年多品牌方线上营销增长经验；擅长人才孵化，任职于字节跳动时带过300多位学生；后通过陪跑服务，帮助客户倍速变现，形成了一套自己的操盘方法论。

阅心教练从一个高端康养实体项目总经理，到一个新商业IP操盘手，从线下到线上，基于对客户心理需求的深度挖掘，带领团队打通商业闭环，支持有能力的IP创业者创造新的商业传奇。

芊墨是一名商业IP发售操盘手、高价成交顾问，从线上社群运营，到操盘发售活动，每一次都全力以赴，助力IP实现百万变现。

何依璇是德森文化创始人、创始人IP操盘手，是亿万继承者女性IP联盟发起人，被学员誉为“能量打造师”，连接和赋能很多人成为更好的自己。

徐敏明是高客单爆款课程设计操盘手、翻转文化创始人，国家心理咨询师，也是北京大学&沃顿商学院联合科技研究院高级培训指导师，被称为T教练。他善于站在用户的角度思考问题，设计出符合人性的课程体系和策略，让用户的课程成交更顺畅。

陈大丹是一名家庭教育IP操盘手，以打造有趣、有料、有影响力的家庭教育IP为目标，致力于为家庭教育领域的IP提供更好的服务和资源，并通过IP塑造价值九步法，帮助IP在竞争激烈的市场中打造一个有价值的个人品牌。

曼茹是百万私域发售操盘手，帮助知识IP操盘成交3000万元。在本书中，她总结了自己在IP操盘这条路上无数的失败教训和成功经验，分享了三个IP操盘营销的底层思维，帮助新手操盘手们更快地掌握IP操盘成功的精髓。

元气圆子是生命教练式女性创业导师、亿级教育项目操盘手兼导师。她赋能了12000名女性成功创业，实现自我成长，又通过这些闪闪发光、不断成长的女性，点亮了更多处于困顿中的生命。

看完本书中所有操盘手的分享，我发现我们会破除掉很多对他们之前的刻板印象。

操盘手可以居幕后，也可以站台前。这个世界越来越尊重所有的贡献者，不是站在光里的才是英雄，英雄拥有自己发光的力量。

操盘手不仅要会搞流量，更要懂得如何变现；既要懂平台懂算法，还要懂用户懂人性；既要能站在商业视角、公司视角、用户视角看待问题，还要有能力放大 IP 的优势，且善用天时地利。

操盘手不但善管理，还特别能“激发”。操盘手就是导演，他们有能力组织和协调各种资源，同时也善于激发人的潜能，用生命影响生命。

没有航向的船是无法前进的。有经验的操盘手会让我们掌控人生，掌控前进的方向，扬起风帆，勇往直前，找到灵魂栖息的港湾。

百战归来，你我仍是追风少年。

目 录 CONTENTS

操盘，就是要选择优秀的客户，
用自己的**章法**和**打法**，
帮客户拿到他想要的**结果**。

操盘

江湖格掌门

- 福布斯创新企业家
- 顶流 IP 商业操盘手
- 培养 10000 多名操盘手

认知篇：个人 IP 的商业模式及操盘手的自我修养

优质 IP 操盘手的自我修养

每一个优质的 IP 操盘手，都要有自己的体系和原则，要有自己的章法和打法。

操盘手想要转做 IP 操盘手，这比纯粹做操盘手或者纯粹做 IP 要难得多。那么，操盘和 IP 是什么呢？

操盘，就是要选择优秀的客户，用自己的章法和打法，帮客户拿到他想要的结果。

IP，就是要有自我体系，有自己的风格和标准，就是要自己去带学生，自己去影响客户。

如果你在做操盘手的过程中，没有刻意养成自己的风格和标准，那么你未来是很难胜任 IP 操盘手的工作的。

所以我希望看到这本书的朋友，不只是要学习操盘的技能，还要在操盘的过程中塑造自己的体系和风格。

操盘手，素人崭露头角的最佳选择

就目前行业形势来看，素人出来创业或者做副业，做 IP 可能不是最佳选择，最佳选择应该是做操盘手。因为做操盘手是一个可以从“0”到“1”快速起步，适合我们这个阶段的人设和身份，以及能为我们积累未来宝贵经验和财富的一个重要选择。

为什么要打造个人 IP？

第一，IP 是行业的最小切口。

我们要借助 IP，了解更多的行业，掌握更多行业的产品信息和技能。

如果你不是在某个行业当中深扎多年，现在突然要来做这个行业，那是有点难的，因为你对这个行业所需要的一些技巧，还有这个行业当中的产品，是不了解的。

如果你希望未来的自己成为一个在各个行业中都有所认知、有所建树的人，那么你现在必须得借助操盘打开你对行业的认知，而 IP 就是这个行业的最小切口。你只要服务过十个 IP，就有可能看到十个行业的产品和它需要的行业技能。

因此，IP 是最快地认知行业的一个通道。

第二，掌握用户心智是未来发展的永恒神器。

我们可以借助 IP 去影响更多的流量和用户，并通过 IP 了解到其受众类型的用户到底有着怎样的心智和需求。

以我自己的操盘经历来讲。在我这么多年的操盘生涯中，我既服务过年轻女性群体，又服务过年轻男性群体，还服务过宝妈和老板，于是我对这些群体的心理状态和需求以及他们的生活状态，都有了比较全面的认识。这为后期我去接洽相关类型群体的项目打下了基础，也更容易上手。

而了解用户和积累用户，正是操盘手要去学的。

第三，不同时代都需要身经百战的操盘手。

IP 和操盘手是黄金搭档。

你成就一个 IP 的过程，就是在成就自己。你不管是要做 IP 还是操盘手，都需要累积成功案例。

累积实战经验是非常重要的，而且是能够跨越周期的。不管在哪个时代，只要你有大量的实操经验，有无数成功的案例，是一个身经百战的常胜将军，那你一定会被人“争抢”。哪怕你到下个阶段，所要操盘的不是 IP 了，但因为你有过操盘 IP 的经历，所以能帮助你顺利跨越到下一个周期。这就是做操盘手的意义。

所以要想做好一个操盘手，我们就要看到更多的行业，累积更多的案例，了解更多的用户，以此来练就我们的基本功。

重要认知：

在经济低迷期：做操盘手，修炼实战经验、行业认知，看准行业或机会再全情投入，操盘手最终还是要深耕一个行业。在等待机会的过程中，我们可以选择短周期的操盘，在实战中等待机会的到来。

全球内容与 IP 时代：做 IP 操盘手，积累影响力、口碑、人脉资源，这样等你要“站”出来的时候，大家就愿意支持你，相信你，为你背书。

操盘手的自我修养

我们在选择 IP 的时候，有四个原则非常重要。这四个原则所涉及的是操盘手的红线，千万不能触犯。

操盘手不能触碰的四条红线

第一条红线：不替代。

操盘手与 IP 的分工不同。IP 负责内容、产品、品牌营销。这些工作操盘手不能代替 IP 去做，更不能代替 IP 去展示。

假如你去代替 IP，你要做的事情就会越来越多，你就会越来越辛苦，而 IP 的势能也会越来越差。但用户是为 IP 而来，我们操盘手要做的是去加强 IP 的势能，托举 IP，而不是去代替 IP。

第二条红线：不抢风头、不抢流量。

我们在操盘的过程中，有的时候角色会不清晰。因为操盘手和 IP 都需要运营用户、面对用户，所以我们一定要注意不要去抢 IP 的风头，不要过度地营销自己。时刻记住我们的核心是要营销 IP。

操盘手不能有“吸IP的粉丝”这种心思和想法。你一定要知道，当你想要去吸IP的粉丝，他是能够感受出来的，别人也能够看到，虽然他当时可能选择不去制止，但长此以往IP绝对不会再信任你了。

所以，我们不要随意使用IP的品牌，更不要过度用IP的品牌来为自己背书，一定要让IP有安全感。IP对你有了安全感，才愿意相信你，跟你合作起来才会舒服，才愿意跟你分享利益、分享资源。

第三条红线：不洗脑。

我们做操盘手的意义，是去放大和加强IP在群众和市场当中的价值观，而不是强势引导和改变IP的价值观。操盘手要相信你的IP，能做IP的人，肯定已经有一套自己的闭环体系，有一套自己的专家内容，有一套自己的价值观，所以才能吸引目标用户，并让用户相信他。如果你不认可他的价值观，就不要去操盘他的案例。

操盘手如果强势地去影响IP的价值观，就会让IP感到不舒服，也会导致IP本身经营用户的那套价值观产生变化，只会适得其反。所以，操盘手只需要放大IP的价值观。

操盘手在操盘IP的过程中，只需要在运营和营销层面提出建议，不要在价值观和产品的层面试图改变IP原有的体系。

第四条红线：不消耗。

操盘手要谨记，你不是自己创业，你是在帮IP创业，实现IP的想法，所以你一定要会“就菜下饭”。搞不清主次，在操盘IP

时会过多地消耗你的认知，过度地消耗你的情绪，导致最后什么都做不成。

有什么做什么，做完一个阶段，再做下一个阶段，顺其自然，层层递进，且一定要保存实力。否则一旦你消耗多了，IP 可能会认为你只有这点实力，因而不再信任你。除此之外，这种过度消耗，会让你屡败，更会让你没有力量再屡战了。

操盘手需要拥有的四大品格

要想成为一个合格的操盘手，让合作的 IP 都愿意给你背书，你的品格就要大于你的实力。所有 IP 都愿意跟品格好的操盘手合作。那么操盘手需要拥有哪四大品格呢?

第一，很勤奋。

因为操盘手要面对的工作类型非常多，有交付型、营销型、流量型等，还要管理团队、管理 IP、管理用户。如果你没有时间去管理，没有高效工作的方式，就会导致自己跟不上节奏，没有工作效率。

你要让 IP 看到你时时刻刻都在线上，时时刻刻都在处理和 IP 相关的项目。你要比 IP 想得早，比 IP 想得多。**所以你一定要很勤奋，能多做一点，就多做一点。**

第二，有大爱。

操盘手要给 IP、给用户有大爱的感觉，要呈现一种包容性极强，非常乐观开朗，对每个人都赞赏有加，对每件事情都非常有信心的充满大爱的状态。你想想，是不是谁都不喜欢每天面对一张阴沉沉的脸，或者是面对一个每天都很焦虑、有很多问题的人？

我们可以换一个角度来思考——这毕竟不是我们的创业项目，我们只是借别人的项目来修炼自己，我们没有必要过分地焦虑、恐惧、计较。因为能够接项目去做，对我们来说就是非常有福气的事情了。

第三，能自律。

就是能够管理自己的日程，管理自己的行为，管理自己的能量，特别是管理自己的欲望。不要想太多，不要把手伸得太长，不要去触碰 IP 的流量，不要去抢 IP 的风头。你只要管理好自己的工作、自己的预期，让自己更加自律一点，那么你的操盘生涯就会更加顺利一些。

第四，人品好。

真心地为 IP 着想，真心地帮 IP 把事情做好，拥有让人信任的能力。如果你是一个品格好的人，IP 很容易就会很放心地把项目交给你。

操盘手找 IP 的四个原则

第一，有经历。

IP 有经历，才有标签，才能创作出更多有内涵的内容。

第二，有流量。

IP 有基本的流量，才能去运营、去裂变、去放大。

第三，有产品。

IP 有被验证的产品，才能变现，才能做营销。

第四，有资源。

IP 身边有资源、渠道、联盟等，才能去破圈。

以上四个原则，IP 如果每一个都有，那是最好的，但实际上只要他拥有这里面的两到三个，也是足够的。

操盘手打造 IP 的“七星宝剑”系统

我们这本书的重点，就是教操盘手如何操盘一个 IP，这需要使用一套商业模式和变现逻辑。

第一步，用到的主要就是下图这个“七星宝剑”系统。

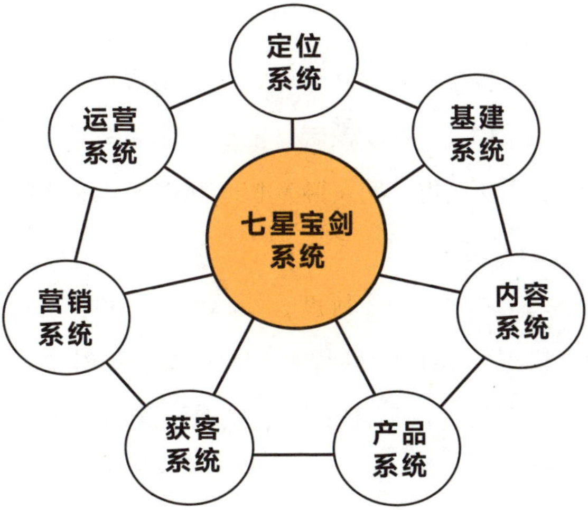

这套“七星宝剑”系统，我们在后面的章节里，会给大家进行逐一、详细的拆解。下面我先给大家做个简单的概述。

定位系统，就是教你如何给 IP 做定位，包括：定赛道、定目标用户、定产品类型、定营销模式。

基建系统，又叫个人品牌基础建设，指在线上搭建自己的品牌商店和品牌人设，包括：个人形象包装、个人简介优化、一句话价值、朋友圈设计、公众号包装、钩子品打造、IP 故事设计等。

内容系统，又叫 IP 内容的六大利器，包括：短视频、公众号、直播、朋友圈、社群、一对一私聊。

产品系统，是核心的模型和业务体系，产品矩阵设计的“北斗七星”，包括：引流品、首购品、复购品、裂变品、促活品、模式品、段位品。

获客系统，包含四种获客策略：买流量、造流量、换流量和裂流量。

营销系统，包含三种营销策略、四种销售打法和一种综合打法。三种营销策略是：自动销转、批量销转和一对一销转。四种销售打法是：社群发售、朋友圈发售、私聊发售和直播发售。一个综合打法是：大事件发售。

运营系统，主要是两个维度，即私域运营和社群运营。私域运营有两个模型，RARRA 模型和 AITDA 模型。社群运营包含六大社群类型：流量社群、会员社群、铁粉社群、解决方案型社群、销售社群和裂变社群。

第二步，我们要理解 IP 目前所处的阶段。

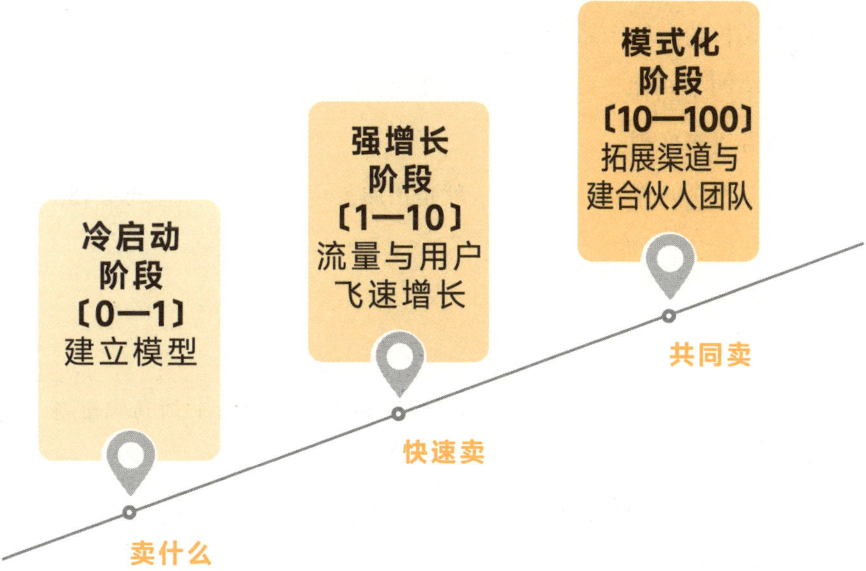

第一个阶段叫作“卖什么”，就是冷启动阶段，需要我们帮助 IP 建立模型；第二个阶段是“快速卖”，需要我们帮助 IP 做放量，让流量快速涌进来，实现飞速增长；第三个阶段是“共同卖”，就是给 IP 做招商，拓展渠道。

第三步，理清楚 IP 未来要靠什么产品来变现，有五种变现的逻辑。

第一个叫作卖课变现，就是大家所理解的知识付费。

第二个叫作卖资源变现，就是现在所说的卖圈子，比如私董会、联盟、商会等，整合资源。

第三个叫作**卖产品变现**，就是销售实体产品，包含线下门店、电商销售的实体产品。

第四个叫作**卖服务变现**，就是通过提供商业咨询、会员管家式服务等来变现。

第五个叫作**卖模式变现**，就是招加盟商、合伙人和生态共建。

总结

没有商业体系、原则与标准的操盘手，是吸引不到高质量客户的。

做操盘手的重要原则，就是在 IP 的基本能力上放大、做强，绝不重新创作。

定位篇：IP 定位心法与万能公式

个人 IP 的三大模式

个人 IP 主流的商业模式一般分为三种：知识付费、实体商户、电商模式。

知识付费：一般是由有一定影响力的 IP 来主导，通过销售课程、圈层、咨询等知识类服务产品来变现。它的优点是启动成本较低，毛利率高，易形成规模化；缺点是对个人 IP 的依赖性非常强，形成影响力和规模化需要较长的周期，复购率较低。

实体商户：指线下经营的各类实体商店。它的优点是消费需求持续稳定，单价较高，复购率高；缺点是易受限于线下，比较单一，投入大，成本高，发展的天花板较低，能影响的范围也比较小。所以，一定要线上线下融合发展，开发线上“种草”，引导到线下去体验，开拓一个全新的产品营销方式。

电商模式：适用于有供应链、擅长运营的 IP。优点是模式简单，变现路径直接；缺点是准入门槛低，竞争激烈，需要做出有特色、有差异化优势的电商模式。

如何打造个人 IP？

主要是**基于微信的私域生态，打造个人 IP 的商业闭环。**第一，通过定位系统和品牌基建系统来打造 IP 的人设圈粉；第二，通过内容系统，比如公众号文章、短视频和直播等方式来引流拓客；第三，通过运营系统来做私域的运营锁客；第四，通过产品系统、营销系统来实现产品的销转变现。在私域生态当中，我们把这个称为——**围绕 IP 自身来构建三位一体的商业模式与变现闭环，**让一个人活成一家店、一家公司。

个人 IP 的本质

打造个人 IP 的本质，就是构建个体商业闭环，获得持续变现与品牌溢价，让自己越来越“值钱”。

打造个人 IP 的意义，就是让个人品牌变成终生资产，变成能抵御人生风险的最可靠的护城河（指在市场中建立并维护竞争优势的战略手段），让用户愿意传你美名，向你付费，为你的溢价买单。

打造个人 IP 的四个金句：

从现在开始，行动起来，打造个人 IP，做自己命运的 CEO；

任何时候，好口碑（得人心）都是打造个人 IP 的基本前提；

任何时候，私域（微信好友）都是打造个人 IP 的重要资源；

打造个人 IP，意味着与时间做朋友，做一个越老越赚钱的长期主义者。

个人 IP 定位方法

个人品牌的定位如何做？有三个要素。

第一，向内看。

喜欢做、擅长做、值得做——这三个方面的交集，就是你的事业的甜蜜区，俗称“找自己”的过程。

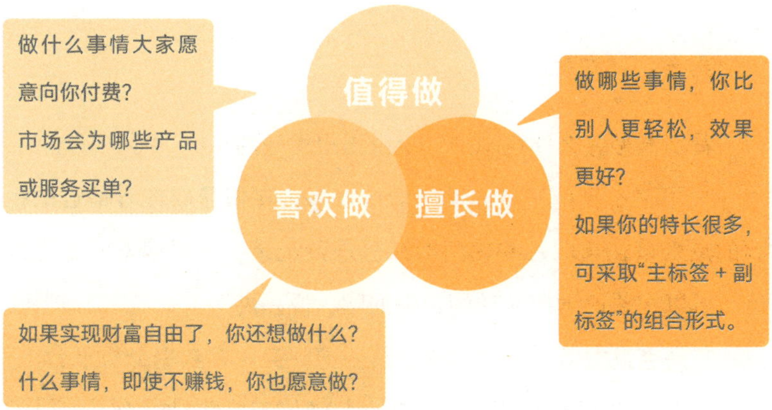

做什么事情大家愿意向你付费？
市场会为哪些产品或服务买单？
值得做
喜欢做
擅长做
做哪些事情，你比别人更轻松，效果更好？
如果你的特长很多，可采取“主标签 + 副标签”的组合形式。
如果实现财富自由了，你还想做什么？
什么事情，即使不赚钱，你也愿意做？

喜欢做，一定要找到你真正的兴趣所在。自我追问：如果已经实现财富自由，我还想做什么事情？即使它不赚钱，我也愿意做吗？

值得做，就是找到有商业价值的事情。自我判断：做什么事情大家愿意向我付费？市场愿意为哪些服务或产品买单？

擅长做，就是你做起来比别人更有优势的事情。自我回顾：哪些事情我做起来比别人更轻松，效果更好？如果你的特长很多，可采取“主标签＋副标签”的组合形式。

第二，外向看。

明确在市场当中我们自己的生态定位，明确行业赛道（是否有商业价值）、目标客户（未来谁向我们付费）、营销模式（用什么方式去营销）、产品类型（用什么产品去变现）。

第三，找对标。

看别人是怎么俘获用户、抢占用户类型的。

一是通过搜索关键词找到对标账号。在账号内查看最近的视频的点赞量，选取一些热门的账号进行记录。为了搜索时更加准确，可以在关键词前加动词，例如聊、说、讲等。

二是通过数据分析平台来观测对标账号。在数据分析平台上，通过行业分类筛选账号或直接搜索关键词查找账号，查看账号的榜单表现、作品数据、短视频挂链信息以及直播数据等。

三是在研究对标账号时，把每个账号的基本信息都标注出来。包括粉丝量、视频表现形式、用户画像、变现方式等，优先选择与自己账号各维度都比较相近的账号，尤其是拥有十万以下粉丝，入驻平台时间在半年左右的一些账号。因为这些账号施行的策略对我们最有借鉴意义。

四是在找对标账号的过程当中，找到自己的差异化优势。在80% 的形态上模仿它，在 20% 的内容上超越它。

对个人 IP 定位的建议：

选择一个竞争不太激烈、增速较快的赛道；找到一个有刚需、有较高消费能力的人群；推出一款中高客单价的产品。然后就认真做交付，打造口碑和成功案例，形成高口碑导向的增长飞轮。

个人 IP 定位公式

个人 IP 的人设定位公式，总结为一句话就是——**我要做什么领域内的谁。**比如我，我就是要做知识 IP 界的头部主播。

个人商业化（产品）的定位公式就是——**我要面向什么人群，能提供多少元的什么产品与服务，帮用户解决哪方面的痛点需求，以达到什么样的效果**。用一句话来说，就是把商业价值讲清楚。

基建篇：塑造一个吸睛的品牌基建

品牌基建的含义

品牌基础建设，就是**IP 基于公域及私域生态打造的品牌形象工程**。

品牌基建的价值

品牌基建的价值有三个维度。

第一个，品牌门头。

让用户通过品牌基建一眼就看出你是谁，不需要你再去做自我介绍。它就像是公司的招牌、餐厅的菜单页一样，让人一目了然。

第二个，品牌营销。

让用户在线上通过了解你的品牌基建，主动来找你，形成自动化成交。所以品牌基建要有静默成交的产品和方式。

第三个，品牌“种草”。

通过品牌基建，让客户持续关注、持续“种草”、占领用户的心智。

微信生态平台的品牌基建布局

微信生态平台的品牌基建布局分为三个：朋友圈、视频号、公众号。

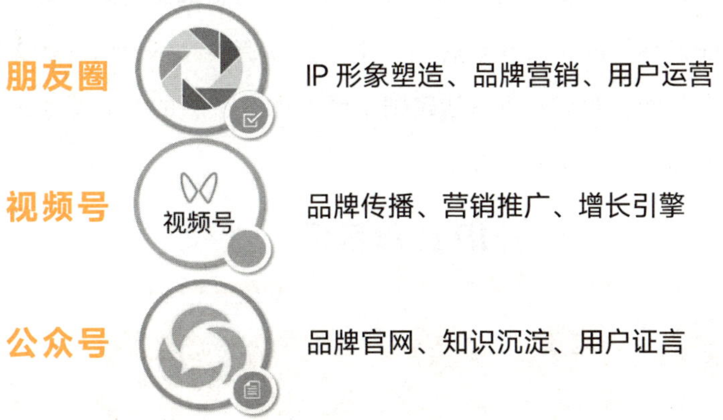

朋友圈：一种立体的 IP 形象塑造、一种持续“种草”的品牌营销、一种从弱关系到强关系的用户运营。朋友圈偏向动态的品牌基建。

视频号：它的价值在于品牌传播和营销推广，是一个增长引擎。视频号动静皆宜，有固定的人设包装，且定期更新短视频、做直播。

公众号：偏向于品牌官网、知识沉淀、用户证言和案例。公众号亦动静皆宜。它与视频号的区别是，用户想要了解一家企业时，会去看这家企业的公众号；想要了解一个人思想和价值时，会去看他的视频号。

线上品牌建设十件套

个人品牌基建分为两种，静态基建和动态基建。静态基建就是提前设计好的，放在品牌门头上的各项资料，不管用户什么时候来，都能看得到；动态基建则是活跃的、更新的，需要通过持续的内容更新占领用户的心智。

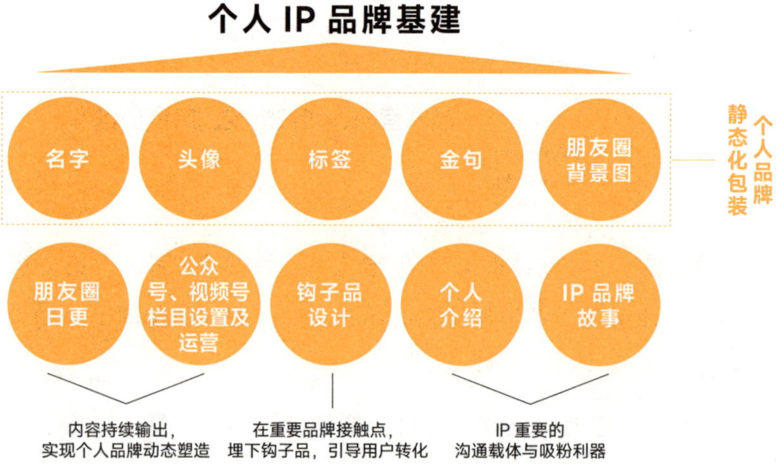

静态基建五件套：名字、头像、标签、金句、朋友圈背景图。

动态基建五件套：朋友圈日更，公众号、视频号的栏目设计及运营，钩子品的设计，个人介绍，IP 品牌故事。

起名字的四大原则：

第一，简单好记，易于传播；

第二，避免侵权，便于搜索；

第三，突出人设，强化定位；

第四，强调属性，突显个性。

总之，要一秒击中人心，让人过目不忘。

选取头像的四个注意事项：

第一，全网统一，不随意更改；

第二，用真人头像，最好是近身职业照；

第三，忌用风景照、动漫照、孩子的照片；

第四，避免侵权，不带二维码。

个人标签，是以极简的方式传递核心信息，体现 IP 的身份、业务与成就。

个人金句，是 IP 的口号，宣扬 IP 的态度、价值观，能引起广泛的共鸣。

朋友圈背景图，是 IP 在朋友圈的“门头”，也是免费的“广告位”，是私域导流进来之后的首要展示位，集 IP 的名字、头像、标签、个性签名于一体。

朋友圈日更，建议日更5条，不少于3条。内容包括生活感悟、业务进展、晒单及用户证言等。朋友圈内容不能太“水”，运营的原则是“干湿结合”。

“干货”，一般指的是认知、逻辑、框架、方法论、专业知识等，能让IP建立起自己的专业感和专家形象。

“湿货”，一般指的是故事、情绪、笑点、泪点等，能让IP建立起鲜活的人设，产生人格魅力，继而通过人设与价值观的输出，在潜在客户心目中“种草”。

公众号和视频号的栏目设置和常规运营：

公众号最好做到周更，必须去设计一些建立在已有资料上的文章，比如：IP故事、品牌介绍、产品介绍、用户证言。

公众号的专栏要设计好，首先是自动回复的设计，可以放热门的文章和钩子产品。其次是公众号下面的栏目设计，至少包含三项：最近热门文章、我的产品、联系我。

产品上架，不但要设置在公众号文章里，也要上架到视频号的商品展示页中，方便用户购买。

钩子产品，是引导用户关注，沉淀私域的最佳利器。作用就是吸引用户添加你的微信、吸引用户成交、吸引用户帮你转发和裂变。不同的场景，可以用不同的钩子产品。

总共有五种不同类型的钩子产品，可以根据IP的特质和不同的使用场景设计使用。第一个，**专业资料型**钩子产品。比如，送PPT、Excel等工具类资料。第二个，**行业视角型**钩子产品。比如，送行业报告等。第三个，**福利型**钩子产品。比如送优惠券、礼品等。第四个，**资源型**钩子产品。比如，送人脉、送资源等。第五个，**活动型**钩子产品。比如，送限时福利等。

在可以引流的任何地方都要留下钩子产品，比如短视频、直播、视频号自我介绍、公众号自我介绍、公众号自动回复等。全方位打通链接通道，拓客引流。钩子产品可以不定时更新、增加，同时钩子产品上也要留下二维码和引流方式。

个人介绍，一般放在公众号和视频号的简介中。个人介绍的结构是——**我是谁、我做过什么、我能为你做什么。**

比如：

我是江湖格掌门，“以人为本”创始人，致力于陪伴和赋能每一个创新企业实现用户十倍速黏性增长。

【我的过往经历】

- 多家百亿级企业的商业顾问、某大型企业亚洲十国私域赋能者
- 旗下操盘 IP 变现超 10 亿
- 培养了 1 万多名 IP 操盘手

【我长期为您提供】

- 培训板块：社群、私域、IP 品类的定制培训 + 操盘手认证培训
- 咨询板块：咨询、私教、私董会等三合一的年度陪跑产品
- 操盘板块：大事件、训练营项目深度操盘及代运营
- 孵化板块：深度孵化垂直行业的商业咨询、培训品类的 IP

自我介绍要精心打磨，用最短、最精辟的文字来概括。打磨好后，这也可以成为操盘手的引流品。需要经常更新介绍里的标签、案例，每更新一次，代表新飞跃、新圈层、新话题。

IP 品牌故事是相当重要的，不但是品牌基建的标配，而且可以单独成为一个项目或产品，好的 IP 品牌故事也可以当作引流品。它既是一个品牌的门头，又是一个可以帮助品牌破圈的利器。

IP 品牌故事是 IP 人格魅力的集中体现，显示出 IP 立体、鲜活的一面，是 IP 立人设最有效的方式。

IP 品牌故事的优势有：故事性强，可视频化，更抓人；有复制效应，可吸引同频人群；拉近距离、信任升级、提高转化；可深度复盘、明确目标。

IP 一定要学会**讲故事、讲价值观、讲销售**。

讲故事，就是讲创业故事、成长故事、逆境故事、家国情怀、励志故事、父母故事、亲子故事、亲密关系故事、同事故事、竞争对手故事、贵人故事等。

讲价值观，就是对一件事情发表独特的观点，比如做过哪些难忘且有意义的事情、认识的朋友是怎样的、对主流热门事件的观点、对创业的观点、对团队的观点、对亏损的观点、对用户和对服务的观点等。

讲销售，就是去说服用户买你的产品。可以讲一下你看到了什么社会问题，看到了什么用户需求，做了什么产品，为什么要这么做，帮助过哪些人，他们现在怎么样，等等。

IP 故事四部曲就是四个类型的 IP 故事：个人品牌故事（文章版）、个人品牌故事“十年体”（短视频）、销售信（文章版）、关注我的三个理由（短视频）。

个人品牌故事（文章版）

个人品牌故事（文章版）的结构：

第一部分：创业前的生活，越“惨”越好，让客户有共鸣。

第二部分：刺激因素、产生愿望、付出行动。

第三部分：遇到困难、如何解决。

第四部分：实现愿望、真实感受。

个人品牌故事（文章版）的叙事方法：

前进路上遇阻碍，努力但挫败；经历跌宕起伏，百转千回；意外得来转机，结局很圆满。

个人品牌故事“十年体”（短视频）

个人品牌故事“十年体”（短视频）的结构：

从一无所有，到有一技之长，经历一团乱麻，到一飞冲天，最后输出价值观。

“十年体”短视频制作“五行连环拳”：

写框架。起点一般都比较低，可以从出生、求学或者步入社会开始。过程要曲折，可以用思维导图列出每个阶段的高光时刻和至暗时刻。最终的结果肯定是好的，可以指向财富或者自己的成就，与 IP 的定位相关。

定形式。“十年体”短视频的形式有**音乐 + 图文，**这是经典形式，适合图片素材多，主人公不想出镜的情况；**配音 + 图文，**需要主人公自己配音，要情绪饱满；**口播 + 图文，**适合图片素材少的主人公。

找素材。找与文案场景相吻合的图片，这样制作出来的视频故事会显得更加生动真实。若图片素材少，可以去补拍或者找到当时其他角度的图片素材来代替。比如背景音乐，男性可以用《你的答案》，女性可以用《和你一样》。

充文案。文字要精练到 600 字左右，内容要真实走心、朴实无华。一张照片，搭配一句一行以内的文案。

精剪辑。这个过程要反复打磨，不是一次就能成功的。视频不要太长，可以剪辑到 3 分钟左右，提高完播率。

销售信（文章版）就是让用户认识你，或者让用户去购买你的产品，或者通知用户去做些什么事情，它一般的**呈现方式就是私聊**。

销售信（文章版）

销售信（文章版）的结构：

用什么内容吸引客户的注意力，可以是标题、图片。

用独特的卖点、解释原因、描绘蓝图去激发客户的兴趣。

建立信任，解释说明为什么我能帮你做这件事，我帮助多少人做过，塑造价值和客户见证。

说明这件产品价值多少钱，现在购买对客户有什么好处，刺激客户的购买欲望，还可以送赠品。

催促行动，让客户赶紧来买，赶快来咨询。

关注我的三个理由（短视频）

关注我的三个理由（短视频）的结构：

一般这段短视频不能太长。直接列论据，讲你现在做的事情、你的经验、你的技能，要精练。

内容篇：解码六维人性，源源不断产出优质内容

IP 内容创作的“六道轮回”

内容创作是打造 IP 的基础，是打造 IP 最重要的载体，也是流量最好的抓手。

其本质就是，用户想要“窥探”你的生活。内容的素材就是生活。所以，我们借助内容向我们的粉丝、客户去展现我们的生活以及我们的主张和价值观。从生活的方方面面去创作内容，IP 要养成随时输出日常所思所想的习惯，这是树立人设、吸引粉丝最高效的方式。

六种内容形态

第一种，短图文。主要是在朋友圈、社群，或者知乎、微博等平台上分享自己的一些心得。

第二种，长图文。主要是写公众号文章或者出书。

第三种，短视频。主要是在抖音、快手、视频号这样的平台上发布短视频。

第四种，长视频。主要是在小红书、B 站上发布中长视频或者是制作视频类的课程。

第五种，直播。可以在几个公域——抖音、小红书、快手；私域平台——视频号、腾讯会议上发布直播。

第六种，线下演讲。需要到线下的一些公开课、论坛，甚至一些会销的场景中曝光自己，然后产出内容。

这六种内容创作类型当中，短视频和直播形态是目前的主流内容生产形态，图文次之。更高段位或者是专业型的 IP，要保留对于图文的生产力。因为能够耐心地把图文看下来的都是高净值用户，都是精准用户，而能够把图文写下来的，也都是高段位的 IP。

互联网的尽头是内容，内容的尽头是短视频和直播。因为它们的传播效率更高，受众更广，转化更快。

IP 创作内容，建议从微信生态起步，构建微信私域内容生态，有效沉淀用户。

微信私域生态的画风更为亲民，内容基于社交传播，更容易起号；通过内容吸粉，流量为 IP 所有，随时可触达，可积淀为私域资产。

小红书
bilibili
……
VS
微信丨公众平台
长图文，用于知识积淀与用户证言
朋友圈
短图文，用于 IP 人设打造与用户运营
企业微信
短图文，用于用户规模化运营
微信视频号
短视频与直播双轮驱动，是最高效的内容传播与销转变现形式

公域平台
做内容竞争大，套路多，风格多变，新手不容易破局；
通过内容吸粉，但粉丝为平台所有，无法随时调取、有效触达。

微信私域生态
微信私域生态的画风更为亲民，内容基于社交传播，更容易起号；通过内容吸粉，流量为 IP 所有，随时可触达，可积淀为私域资产。

通过内容吸引粉丝，把粉丝沉淀到私域里，在私域生态中形成一套生态链，能获客、能沉淀、能经营，这就是一个完整的商业模式。

通过**公众号**创作长图文，用于知识积淀与用户证言。

通过**朋友圈**发布短图文，用于 IP 人设打造与用户运营。

通过**企业微信**发布短图文，用于用户规模化运营。

通过**视频号**实现**短视频与直播双轮驱动**，是最高效的内容传播与销转变现形式。

在私域生态中，每一个内容创作的平台和节点，要求和风格都不一样。每个平台和节点形成环环相扣的链接，这就叫“六道轮回”。

同时，IP 还要做到“一鱼多吃”，同一个内容分发到六个平台上，每一个维度又能环环相扣，相互引流，相互增强。

爆款内容产出的底层逻辑

爆款内容的本质，是代表一群人（受众广度）去发声，引起充分的共鸣（情绪深度）和广泛的传播（社交冲动）。

受众广度：有多少人想看。

情绪深度：有多少人有共鸣。

社交冲动：有多少人想传播。

这个逻辑，适用于文章、短视频及直播等内容表现形态。

爆款文章的创作指南

文章的类型：个人品牌类文章、热门选题文章、采访类文章、认知类文章、“种草”类文章、用户证言类文章。

个人品牌类文章的本质是一篇体现 IP 价值观的议论文，而不是记叙文，是普通人奋斗、逆袭成功的励志文。

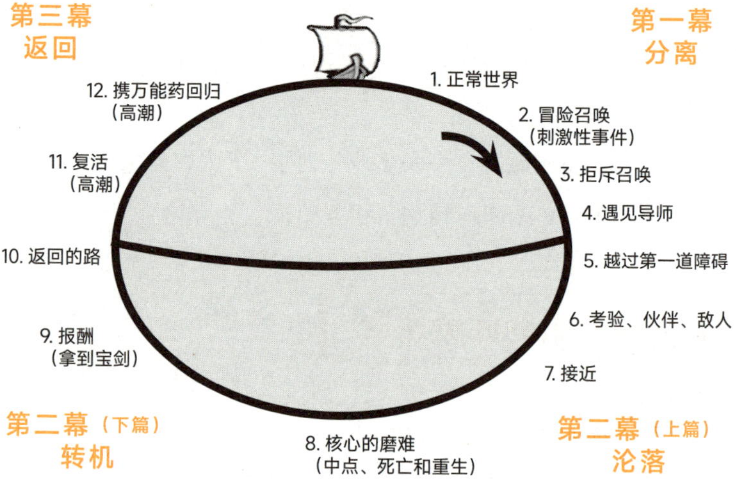

文章的结构，就像是一段跌宕起伏的“英雄之旅”。内容是冲突、落差及其带来的情绪。

热门选题文章实质上是一种借势——选题借势，借热点事件的势能、借人性需求的势能、借圈层认同的势能。**它能大幅度提升爆款概率。**

采访类文章的写作步骤是：确定采访形式和问题；梳理素材，找到主题；通盘思考，从整体审视素材；落实细节，从细节中提炼脉络；总结关键词，划分文章模块；设计好开头和结尾。

认知类文章的基本框架，一般采用金字塔结构：

按照“先总后分”的结构进行，即先说出自己的结论，再逐一陈述论点和论据。

结论先行，以下统上，归类分组，逻辑递进。

注意一次只说一个观点，毕竟金字塔只有一个顶；归类分组时，要符合 MECE 原则，即分论点之间要相互独立，完全穷尽。

“种草”类文章的写作步骤：先与品牌方沟通，确定需求；结合人设，做出大纲；写作初稿，修改定稿。

好的“种草”类文章，玩的是平衡艺术：既要让品牌方满意，又要让读者满意；首先是一篇好文章，即使删掉植入的品宣内容，仍然是篇很好的原创文章；既不要太生硬，也不必刻意隐瞒广告性质。

用户证言类文章的内容包括：我在这里学到了什么、收获了什么、经历了什么、我的感受是什么。一般和采访类文章相结合，一问一答。

每一个 IP，都应该拥有自己的故事，做自己人生的编剧，让生命有故事可讲。

爆款文案写作技巧有四个规律：第一，要用独特的观点代替常识，用生动的描述代替说教；第二，用情绪代替事实，用感受代替真相；第三，用细节代替概述，用具体代替抽象；第四，多用动词，少用形容词，少用概念。

爆款短视频创作指南

主流短视频平台基本特征

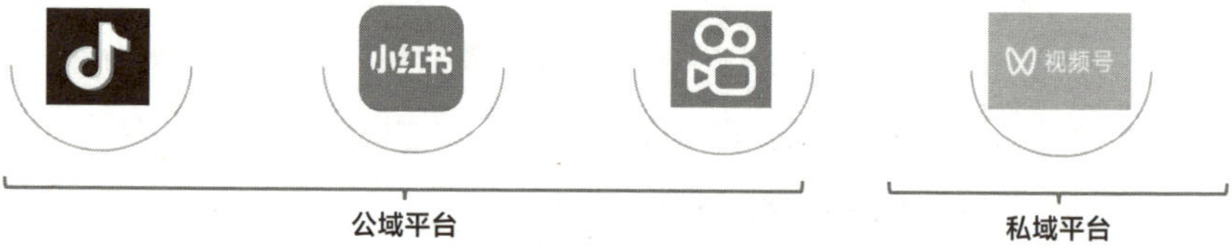

抖音的特征是：新奇特，技术流，套路多，竞争大，算法推荐。适用于获取规模化流量、有成熟的产品及团队、商品客单价较低的IP。

小红书的特征是：精致小资，高级感，商业转化率高，算法推荐。适合以女性消费者为主的产业，客单价较高。

快手的特征是：平民化，真实感，也是算法推荐。适用于获取规模化流量、有成熟的产品及团队、商品客单价较低的IP。

视频号的特征是：社交属性强，以正面话题为主，追求情绪共鸣，算法推荐+社交推荐。适合高客单价、高转化的产品。**普通人起号，建议从视频号起步。**

爆款短视频的四个要素：**第一是有情，**从心理上来讲，充满感情和情绪的内容，容易带来深度的共情，激发强烈的共鸣。建议：积极发现生活当中的美和感人之处。**第二是有趣，**人们观看短视频、直播，大多是为了放松。趣味性的内容才让用户有转发动力。建议：用有趣的方式打造人设。**第三是有用，**很多人之所以选择性地看短视频，是为了解决现实问题。建议：强化专家人设，提供专业价值，颗粒度越细越好。**第四是有品，**每个人都在追求美好的生活方式、志趣和品位。建议：运用文辞优美的文案、有韵味的镜头语言和背景音乐来表达视频内容。

爆款短视频的六维算法

算法能够从动作细节中，捕捉到行为动机
六维人性算法
完播率
爱心点赞
转发率
大拇指点赞
评论
关注率
建议：
1. 时长控制在 10～30 秒左右
2. 高潮前置，每 8 秒反转一次
心理动机：视频内容充满趣味，有反转，猜不到结局，引发好奇，让人想看完
心理动机：视频内容让用户产生认同和情感共鸣，有获得感，点赞很有面子，愿意推荐给朋友
建议：
1. 视频内容有正能量，富含新知，或能引发情感共鸣
2. 利用“厌恶损失”心理，在文案中引导大家收藏点赞
建议：
1. 为特定人群发声，如为新女性发声，为家庭主妇、北漂青年、普通人中的励志人群发声等
2. 刷新认知，让用户有分享炫耀的冲动，有谈资，成为社交货币
心理动机：视频说出了我想说而没说的话，“为我代言”，转发让我有面子
建议：视频内容要能让用户产生分享给朋友的冲动，扩大传播面
心理动机：视频内容让我认同、喜欢，但不想让朋友看见
心理动机：视频表达的观点有争议，有嚼头，能引发争论
建议：
1. 制造话题，一些偏激的观点、反常识的观点，容易引发讨论
2. 埋下一些槽点，引发吐槽
心理动机：视频内容有一以贯之的定位、人设和风格
建议：
关注 = 长期 + 确定的价值 + 差异化
涨粉量说明视频内容与账号定位一致，能提供稳定的确定性价值

第一个是完播率。要求：视频内容充满趣味，有反转，让人猜不到结局，引发观众的好奇心，让观众想看完。所以要控制视频时长，短视频要尽可能控制在10～30秒之间；还要将高潮前置，同时视频相对长的每8秒要反转一次。

第二个是关注率。要求：视频内容有一以贯之的定位、人设和风格。内容的产出和账号的定位要一致，且能够持续产出，能够给人提供一种稳定的、可预期的确定性价值。

第三个是评论。用户愿意评论，意味着视频表达的观点有争议、有噱头，能引发争论。为了引导用户更多地去发表评论，我们需要创造或者是制造话题，甚至要抛出一些偏激的、反常识的观点来引发用户在评论区中进行讨论。

第四个是爱心点赞。用户愿意为你点赞，说明视频的内容能够让用户产生心理认同和情绪上的共鸣，用户有收获感。而且用户认为点赞让自己很有面子，愿意推荐给其他用户，也愿意推荐给朋友。

第五个是转发率。用户愿意转发这段视频，说明这段视频说出了他想说而没有说出来的话，给他带来了启发，让他觉得自己发这样的视频有面子。所以我们的视频，一定要力争为特定的人群发声。

第六个是大拇指点赞。这类视频是让用户认同和喜欢，但他只想独自欣赏，不想让朋友看到。对此我们要注意，在创作内容的时候，要引导用户产生将视频分享给朋友的冲动。

对标爆款短视频，从模仿到超越

我们可以将爆款短视频进行拆解，从选题、封面，到前 3 秒内容、镜头表现、画面布局、背景音乐、超级符号，一一进行对标。

选题方面，原则上要尽可能反常识、重情绪、强共鸣。**基本选题技巧包括：**罗列所在垂直领域的 100 个问题或困惑，作为选题母版；分析 10 个同行热门视频的选题；分析同行热门视频的评论，提炼选题；直接模仿爆款，进行二次加工。

封面方面，需要突出 IP 的人设，最好是真人出镜。**吸睛标题技巧包括：**有“你”法、好奇法、数字法、对比法、提问法、转折法、蹭热点法。**吸睛标题风格**就是简单标题 + 粗体大字 + 对比色块。

前 3 秒的内容决定了完播率，所以要精心策划。

短视频的**镜头表现**一般有远景、近景、中景、特写等，以中近景为主。

画面布局有两种：知识干货类和沉浸类内容用横屏来展示；追求真实效果的、IP 的表现能力比较强的内容用竖屏来展示。

短视频的**背景音乐**，可以选用那些能调动情绪、能产生共鸣的热门音乐。

视觉锤和听觉锤就是超级符号。每个视频的画面基本一样，或者 IP 穿着一样，形成视觉锤；每次视频开头和结尾，都说同样一句话，形成听觉锤。这是为了加深受众对于视频内容的印象和感知。

找到爆款短视频后，要从**文案**上进行创新，可以改变顺序，或者重新组织文案结构和语言风格。

从**形式**上进行微创新，选题和内容找同行的爆款主题，形式上找跨行的爆款形式来进行借鉴。

提升**网感和镜头**的表现力，就是要多看、多拆解、多模仿，增强 IP 在镜头面前的表现力和情绪感染力。

提升账号的**标签权重**，要围绕垂直领域持续发布优质的内容，做好基础的流量，来提升爆款出现的概率。

爆款短视频文案公式：

公式一：戳痛点（开头 3 秒）+ 给承诺 + 解决方案 + 呼吁行动。

公式二：结论前置 + 证明结论 + 结尾给出独特的见解或反转（主题升华）。

公式三：制造冲突（反差）+ 提出问题 + 给出答案。

爆款短视频拍摄心法：场域 + 目标。

操盘手要为 IP 搭建真实场景，明确 IP 每次表达时想要实现的真实目标。只有明确目标，打造真实场景，IP 才会表现出好的状态，做到最强输出。

生产爆款短视频四句话：

第一，以终为始，保持一颗平常心，要围绕变现来布局短视频拍摄工作。创作爆款短视频只是手段，目的是扩大 IP 的影响力，最终实现商业变现。

第二，提升网感是持续出爆款的前提条件。多看多练，尝试过一种“视频化”的生活，养成用视频来记录日常生活的习惯。

第三，视频号既是拓客引流的渠道，也是 IP 形象的展示窗口。IP 在积累了基础流量之后，要长期在垂直领域中持续输出，吸引精准流量。

第四，100 个精准流量的商业价值，远大于 10000 个泛流量。

视频号直播间定位心法

视频号直播间的本质，就是打造一个**高转化率、高客单价的卖场**。

直播间要**定位标签化**，因为很多平台的算法都是推荐机制，所以要明确直播间的定位和标签，让平台能够识别到你，把你推荐给精准的用户。

定位标签化分两种：一是你要清晰地告诉别人，你的直播间是一个什么样的直播间；二是主播的人设要鲜明。

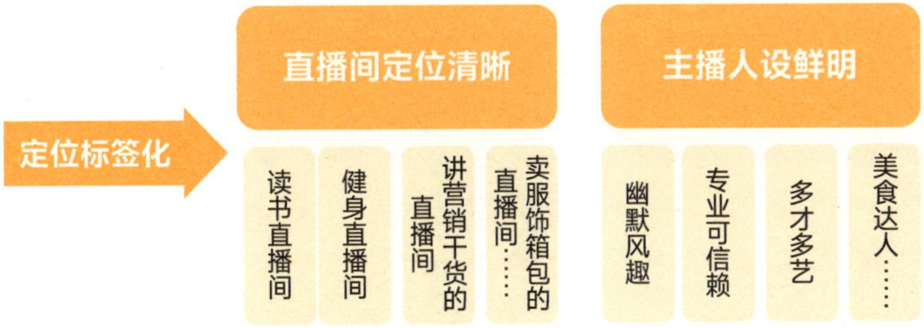

直播间的内容和流程：视频号和抖音直播间的本质区别是，抖音直播间 80% 的观众都是新用户，停留时间短，所以抖音的直播间中，很多内容是重复的；但视频号直播间里的观众是以老用户、深度用户为主的，需要做长期的直播专栏规划。

一般视频号直播间会有四种类型：干货直播间、连麦直播间、卖货直播间、娱乐直播间。

干货直播间，就是主播自己的大课堂，建立起自己的专家人设。价值就是让用户去体验这种免费的公开课，让用户在公开课当中深度“种草”产品。

连麦直播间，就是和其他主播对话，让其他主播来给你做背书，用采访的形式聊深度话题。

卖货直播间，就是主播以卖货、卖课为主，做大型的营销或者是小节点的发售。

娱乐直播间，就是在直播间里聊天、唱歌、表演才艺、展示户外活动等，目的是跟用户搭建一个更加轻松的关系。

提升直播间吸引力和转化率的秘诀

直播间冷启动阶段的建议

第一，一定是先利他，要真诚，坚守价值观，给用户提供实实在在的价值。

第二，定时规律性直播。例如，每周直播不少于 3 次，让粉丝养成定时观看直播的习惯；根据人群画像，确定直播时间，可以避开晚上的黄金时间，如晚上 8～11 点，避开峰值而选择中午 11 点 30 分开始直播；单场直播 2 小时以上，提高直播间权重。

第三，不断优化直播内容。选取所在专业垂直领域中的数十个问题，作为话题库母版；结合粉丝兴趣及社会热点，不断优化话题库；通过嘉宾连麦等方式，丰富直播间的干货价值。

第四，不断提升留人及控场能力。优化直播话术、场景、互动、节奏、抽奖等环节，不断提升在直播间中的控场能力。

做好一场直播除了前面几个要素，我们的准备工作也不能少。**直播前要做话题准备、物料准备、预热推广。**

话题准备：确定选题、撰写直播大纲。

物料准备：直播间背景布置、镜像手牌等物料准备、主播形象妆容搭配、直播商品上架、开播前设备调试、直播间场景设计等。

预热推广：设计推广海报、直播预约推广裂变、朋友圈宣传、社群推广、公众号文章拉预约、个人微信及企业微信群发邀约、开播前发红包到指定社群预告等。

接下来，**直播中的直播话术、直播留人、直播互动、直播成交，每个环节的话术和节奏都需要提前做好设计。**

直播话术：邀请关注、加粉丝团、点赞、互动评论、转发直播间、抽福袋、兑奖、关键运营动作等，都要准备好相应的引导话术。

直播留人：场景留人、福袋留人、干货留人、连麦留人。

直播互动：设计互动内容，比如关注、点赞、加粉丝团、评论、抽奖等；跟活跃用户互动，直接点名字；设计福利；提供真实价值、干货感；直播间粉丝及时导流到企业微信；5 分钟一个小循环；不断请粉丝将直播间转发到朋友圈。

直播成交：需求激发、信任塑造、价值塑造、逼单促单。

在结束直播之后，要做直播复盘、发放奖品、直播内容的二次传播、准备下一场直播。

直播复盘：复盘直播动作、直播数据，列出优缺点，理清提升优化的步骤。

发放奖品：及时安排兑奖，及时发放实物奖励。

直播内容的二次传播：将直播内容生成思维导图、金句海报，将直播中的精彩瞬间剪辑成短视频，将这些内容在朋友圈、社群、公众号、视频号中做二次传播。

准备下一场直播：每一场直播都是一个新的开始，每一场直播都争取有所迭代和优化。

如何提高直播间的权重？

第一，私域囤流。经营好直播福利群，囤积私域流量；直播前，通过个人微信及企业微信群进行宣传，尽可能全面触达私域，引导观众进入直播间；系统将根据直播间已有的用户量，推送更多公域流量进入。

第二，高互动性。增加用户在线时长，用点赞、转发等互动动作展示出用户的活跃度。

第三，高销售额。努力提升 GMV（商品交易总额），这样会获得更多的系统分配的流量。

持续产生爆款内容的方法：构建高效创作流程

建立自己的选题库，题目比内容重要。

从 IP 所在垂直领域，选取 100 个话题作为选题库母版。根据用户需求痛点，结合实事热点，不断迭代、优化选题库。我们也可以从书籍、朋友谈话、用户提问及评论区留言中，提炼选题。

内容高效复用，用“五轮驱动”变现。

启动轮，发朋友圈积累选题。**验证轮，**在直播中测试选题的热度。**发酵轮，**用有热度的选题来拍短视频、做直播。**沉淀轮，**将短视频、直播内容扩充、深挖，形成公众号长文。**变现轮，**将公众号文章沉淀成选题，形成课程体系及书籍等知识产品，并变现。

全面梳理 IP 相关内容，建立源源不断的素材库。

制作 IP 人设地图、IP 产品地图及用户需求地图，结合实事热点，形成源源不断的选题素材库。

IP 人设地图，把 IP 从出生到现在的每个阶段，包括高峰期、低谷期，用时间轴画出来，制作成 IP 人设地图，穿插固定的问题，如为什么这样选择、带来了什么改变、有什么收获等，将之录制成视频素材。

IP 产品地图，把 IP 的所有产品，包括起源、名称、类型、功能、价值等，制作成产品地图，穿插同样的问题，如做这款产品的初心、解决了哪些问题、传递了什么价值、满足了哪些需求等，将之录制成视频素材。

用户需求地图，把目标用户感兴趣的话题、痛点、爽点、痒点等罗列出来，制作成用户需求地图，如面向女性人群的亲密关系、亲子教育、成长、变美等话题，根据 IP 定位，找到交集和锚点，锁定高价值客户。

运用嘉宾访谈等形式，实现创作主体的多元化。

IP 应该是一个好的创作者、倾听者、记录者。IP 与嘉宾访谈的过程，就是参与内容创作的过程。做访谈，品百家观点，看百样人生。

持续学习精进，是保障内容持续输出的根本。

持续学习精进，是每一位 IP 和 IP 操盘手的自我修养。持续输入，终身成长，是保障内容持续输出的根本。

做内容要坚持，是维持账号的基本保障。

创作内容是核心能力，也是流量的重要抓手，是 IP 商业变现的主要载体。

运营账号，**关键是持续内容输出，**以持续内容输出倒逼持续输入用户；需要围绕最终变现目标，找到适合自己的内容输出方式。

短视频主要用于推广引流，重在长尾流量，便于内容沉淀；直播间重在建立信任感，进行高效的销售转化，也是持续激活私域的有效方式。

视频号直播间的转化效率，取决于私域转化率。经营私域，囤积流量，并精细化运营是操盘手的日常课。

产品篇：打磨好产品，操盘 IP 从爆红到长红

好的产品，为客户创造终身价值

产品是 IP 商业战略的载体，从本质上讲，产品是为客户创造终身价值，从而获得利润上的回报。

产品是 IP 的专业、技能、服务的体现，成长即产品。

产品矩阵实现了客户关系的递进和深化，体现在对客户生命周期价值的发掘过程。

产品设计的宗旨：持续为客户创造价值，并将价值产品化，最大效率地挖掘客户的消费需求，通过产品拉高单客的 LTV（用户生命周期）价值。

构建 IP 的商业形态

每一个 IP 都要努力地成为一家店、一家公司。IP 要有多元化

的思维，要有体系化的思维。

独立的商业体有三个模式：杂货店模式、品牌店模式、品牌公司模式。

杂货店模式，又叫代理商分销模式。在你还没有成熟的产品时，你就可以先成为别人的代理商，帮别人卖货。这个模式的优点是：分销他人的成型产品，成本及风险可控，变现相对容易，如可以卖课或者卖货。当然，选品的标准要与IP的人设相符。这个模式的缺点是：收益相对较低，对产品和品牌的掌控力较弱，对个人IP的打造及私域沉淀的作用有限。但这对打造成功案例是有价值的。这个模式适用于IP在起盘初期，无力研发自有产品，需要用他人的产品及品牌来拉升势能，实现变现。

品牌店模式，也叫自营产品模式。这个模式的优点是：可以获得更大的收益，能持续累积个人IP的势能以及囤积私域资产，形成完整的商业闭环，最大限度地打造私域的终身价值。这个模式的缺点是：前期投入较大，成本较高，对于IP的产品研发能力及品牌影响力等综合素质要求较高。适用于具备产品研发能力，或者有供应链资源，能支撑研发周期与市场培育期成本的IP。

品牌公司模式，就是整合多种产品、多种形态，变成一家生态型的公司。前端IP做品牌曝光，后端有多种变现模式。这个模式的优点是：像公司一样全方位、规模化地经营IP，强大的IP能整合不同业务板块的资源，做大做强，从私域到公域，全面打造IP的势能，充分实现IP的商业价值与社会价值。这个模式的缺点是：前期投入大，成本高，风险大，对于IP的产品研发能力、上游供应链资源整合能力、引流拓客能力、销售能力、运营管理能力等综合素质要求较高。适用于已经跑通了个人商业闭环，有决心、有实力持续做大做强，实现公司化IP运作者。

知识创业模式，IP产品的上佳之选

在创业模式中，**最易上手的就是知识创业模式，**未来人人都可以做，也可以当作副业来做。

知识创业的产品矩阵包括：课程、训练营、圈子/社群、线上轻咨询、私教陪跑、线下讲座、企业咨询、线上电商类等。

知识IP“常规产品六件套”有：线上课程，就是常见的录播课或者直播课；**训练营，**就是课程加上社群及练习，甚至可以加上证书；**圈子**就是人脉整合和资源整合，**社群**就是一个交付类的产品，我们用训练营的服务来交付我们的课程；**线上轻咨询，**就是一对一的电话服务；**私教陪跑，**就是一对一的个性化定制服务；**线下讲座，**是说线上做到一定的规模后，一定要做线下活动，线下是线上永远替代不了的，要想跟用户产生交集，产生更深的关系，以及做一个更高客单价的产品，就必须做线下活动，比如线下讲座。

构建 IP“七剑合璧”的产品模型

原创 IP 产品矩阵模型——七剑合璧

人	消费者运营	路人	粉丝	会员	高级会员	分享者	推广者	VIP 客户
	客户关系递进	跃跃欲试	另眼相看	渐入佳境	高潮迭起	衣带渐宽终不悔	为伊消得人憔悴	执子之手与子偕老
货	产品	引流品	首购品	复购品	裂变品	促活品	模式品	段位品
	成交产品递进	福利产品	大众特色	利润空间	高口碑爆品	品牌尾货	分销类产品（合伙人、商业同盟）	高端产品
场	购物体验	线上静默成交	线上 / 线下沟通成交	线上 / 线下沟通成交	线上 / 线下沟通成交	线上沟通成交	会议营销成交	深度沟通成交
	成交场景递进	偶然邂逅	初次到店	再次光临	时常光顾	好友相随	加盟开店	深度合作

人是运营者和消费者，货就是产品，场就是成交的场景。

有个很经典的销售理论叫作**人货场**，就是通过跟踪消费者在不同阶段的心态，我们可以为其提供相对应的产品和服务，去满足客户的需求，为客户创造价值，实现客户关系的不断升级，和持续挖掘客户生命周期的价值。这就是我们构建 IP 产品矩阵的意义。

我们将其分为七个阶段，每个阶段用户跟 IP 的关系都是递进的。

第一阶段，路人。此时用户跃跃欲试，被你吸引，但还没有对你产生信任。

第二阶段，粉丝。此时用户进入你的生态圈中，觉得你讲得特别好，对你另眼相看，跟你买了第一件产品。

第三阶段，会员。此时情况渐入佳境，用户开始了解你、喜欢你。

第四阶段，高级会员。此时用户内心高潮迭起，对你越来越喜欢。

第五阶段，分享者。此时用户被你粘住了，越来越喜欢你，对你“衣带渐宽终不悔”。

第六阶段，推广者。此时用户的心态是“为伊消得人憔悴”，你可以让用户拿到一些权益，使其成为自家人。

第七阶段，VIP 客户。此时用户对你的态度是“执子之手，与子偕老”，愿意把资源都奉献给你。

这就是用户从路人到 VIP 的整个心路历程。

在不同的阶段当中，我们要用什么样的货和场来实现与用户的关系递进？

在用户是路人的时候，我们用一件**引流品**来成交，一般是线上的静默成交，比如偶然在直播间邂逅。这是不赚钱的，但却是能获得高度反馈的。

当用户开始关注你时，他正价购买的第一件产品，就是**首购品**，一般是大众产品，是人人都需要的，可以在线上或者线下用沟通的方式成交，成交场景就是用户初次到店。

在用户第一次买完产品后，我们要长期绑定用户，推出一系列可以让用户**复购的产品**。复购产品是有利润空间、可以持续绑定的产品。比如会员产品，可以持续绑定用户一年的生命周期。成交场景就是用户再次光临，可以通过线上线下沟通成交。

之后的阶段，就是用户从会员变成高级会员，产品也从用户自己用，变成推荐更多的人去用。此时要做一件简单的**裂变产品**，一件高口碑、低客单价的爆品，让用户先帮你推荐。此时用户会时常光临。

随着时间的推移，用户慢慢成为一个分享者，自用省钱，分享赚钱，此时可以设计一些**促活品**，就是专门针对老客户、会员的产品，可以是优质的尾货或者经典产品，给他们专门的福利价格。这个时候客户愿意把产品分享给好友。

第六个阶段，用户成为一个推广者，此时我们要有**模式产品，**让用户成为我们的合伙人、商业同盟。这个阶段，成交场景需要用会议营销的方式，就是招商大会或者是线上闭门会。

最后一个阶段，用户升级为 VIP 客户，此时我们要为客户提供**段位产品**，就是高客单价的高端产品。成交场景就是跟用户做一些深度沟通，进而深度成交。

七个产品模型所对应的产品结构

引流品，是让客户低成本体验的产品，通过“验货”，建立初步信任。特点是：价格低，交付成本低。比如：电子书、图书出版物、1 元课、音频 / 视频试听课、钩子包、19.9 元课包等。

首购品，是客户第一次正价购买的产品，功能是为客户创造良好的产品体验，为后续复购及口碑转介绍打下基础。特点是：价格适中，有一定交付成本。比如：短期训练营、5～8 门录播课 +

答疑、3 次答疑直播、线上 / 电话轻咨询等。

复购品，是锁定客户长期价值的一类产品，能帮助建立长远而忠诚的客户关系。特点是：价格适中，有一定交付成本。比如：各类会员制产品、商家主销的口碑产品。

裂变品，是“老带新”产品、转介绍产品。特点是：价格较低，交付成本较低。比如：拼团类产品，分销、裂变类产品。

促活品，是激活老客户、拉动新客户、拓客群、冲销量的一类产品。特点是：价格低，对老用户有特权、特价，促活品一定要衔接续费商品。比如：节假日促销产品，专属于老会员的活动、优惠券、抵扣券、满减福利等。

模式品，把客户发展为推广者、共建者、商业同盟，使客户成为自己的销售渠道与利益同盟，能拓宽市场资源及销售网络。特点是：共享产品与客户资源，快速回流资金。比如：合伙人、联盟类产品。

段位品，是体现 IP 段位的产品，用来增强 IP 的势能，促进各类产品的转化。特点是：价格较高，交付成本较高。比如：私董会、企业代运营、大事件操盘、百万 GMV 打造、企业咨询服务。

产品定价，就是定生死

定价策略非常重要，要优先考虑定价，特别是核心利润产品的定价。**因为定价是一种战略，定价就是定生死。**

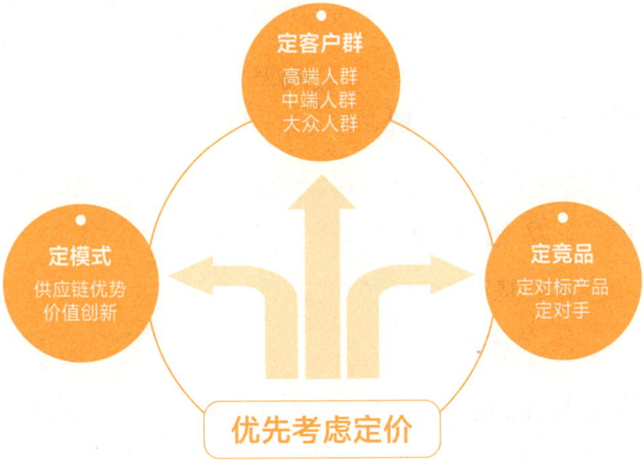

定价决定了你的客户群体，决定了企业营收，决定了你的资源配置与供应链，决定了你的市场大小，决定了你和谁竞争。

定价，本质上由消费者对该产品的价值认知来决定。消费者的价值认知就是消费者的需求强弱，对应品牌在消费者心中的价值感知。

定价策略：

用户对越焦虑的事情，越愿意购买高客单价的产品来解决。

知识付费产品的常规定价区间：

引流品，价格一般在 0～199 元之间，是一些电子书、电商类实物产品、音频 / 视频录播课程。**利润品，**价格一般在 99～5000 元之间，是一些直播课、轻咨询服务、训练营等，对标的是首购品、复购品和裂变品。**线下讲座，**价格一般在千元到万元之间，是一些线下大课、闭门会，主要是塑造 IP 在行业中的话语权，打造标杆事件。**私董会，**价格一般在数万元到数十万元之间，是一个纯粹的高端产品，面向的都是高端客户。**年度咨询服务**，就是私人教练、企业咨询类产品，价格在数万元到数百万元之间，主要是从服务内容、服务周期来定价。

知识付费类产品，本质上是对 IP 时间的定价，因此建议尽可能走价值创新路线，聚焦中高端市场，做中高客单价产品，塑造 IP 形象，构建利润导向的增长飞轮。

产品商业化包装，让产品更值钱

商品包装，就是把你内心对这个产品的创意、价值的认定，用显性化的海报或文案等方式展现出来。

产品原价：19800元/年
早鸟价：12800元/年
加入亿万操盘手私董会
用操盘视角重构商业
立即扫码抢占名额
亿万操盘手私董会
产品价格
优惠时间
二维码
扫码报名
额外赠送
团队共学［IP操盘手考证班］× 2
价值2999×2=5998元
此权益可转与其他人使用
促销福利
建认知
理定位
搭基建
做内容
磨产品
搞流量
爆营销
精运营
惊喜盲盒
不定时线上线下闭门分享会
私密饭局/深度社交/大咖分享/企业游学……

产品海报要素构成有：产品主标题、产品副标题（产品副标题就是口号，就是价值观的体现），还要有 IP 名字 / 标签、IP 形象照、产品详情 / 基本权益、产品的价格和优惠时间、促销福利，最后一定要有一个二维码，可以让用户扫码报名。

产品的包装除了常见的**海报、详情页**之外，我还加了配套的**话术、文章、短视频、公开课和用户证言**。这样一整套产品包装体系，会让 IP 显得更加专业。

IP 做产品的常见误区

误区一：为了追求销量，降低产品价格

知识 IP 的专题训练营 → 升级为合伙人与私董会产品

下面我们就举例来分析一下，二者所面临的问题。

如某位知识 IP 的专题训练营，定价 99 元 / 年，招收了 600 个学员，其面临的问题是：服务学员多，交付较重，定价低导致利润微薄甚至亏损，难以为继；低价位吸引来的学员基础较差，行动力较差，改变的决心不够，更难拿到成果。最终结果是：既赚不到钱，又赚不到口碑，吃力不讨好，第一次交付就很困难，第二次招生面临更大的挑战。

经过调整，改变定价策略，将产品升级为合伙人与私董会。定价 9800 元 / 年，招收了 400 个学员。定价提高后，虽然报名人数下降，但利润显著提升；用较高客单价筛选出了更优质的客户，这类客户支付能力更强，行动力更强，更容易拿到成果；通过定价、定品、定客户的方式，倒逼 IP 不断进行价值创新，服务质量和学员体验显著提升，利于口碑传播与持续正向循环，后期学员多是口碑转介绍而来，招生也越来越轻松。

误区二：为了扩大营收，盲目增加产品的数量

知识 IP 同时做多款产品 → 聚焦为一款核心利润品

如某位知识 IP 同时做多款产品，其面临的问题是：同时开设多个训练营、陪跑教练和私董会业务，导致时间、精力分散，疲于奔命，交付吃力，学员的服务体验一般，无法产生口碑效应，难以持续。

经过调整后产品升级，聚焦为一款核心利润品。放弃了大部分产品，耐心打磨好一款利润高的训练营产品，把服务品质做到极致，客户体验显著提升，营造了良好的口碑，复购率和转介绍率提高了，用户成为潜在的销售员，实现了产品自传播的增长飞轮。

IP 的时间精力是第一生产力，做知识型产品需要足够聚焦，耐心打磨出自己的核心利润产品，锁定精准客群，先做精再做多。

对于泛流量，可以用低客单价的引流品来转化，促成成交。

引流品、体验型产品可以多设计一些，但**核心利润产品不要多**。

打磨好产品，操盘 IP 从爆红到长红

产品体系对于打造 IP 非常重要，因为它是 IP 商业战略的落地，更是 IP 成就品牌从爆红到长红的根基。**只有做好产品，IP 才有可能长红。**IP 只有打磨好产品，创造好产品，成就好产品，积累好案例，才有可能持续长红。

从用流量手段打造爆款，到通过差异化感知形成爆品，再进化到营造稳定持续的高价值产品体验，长期沉淀形成品牌。

品牌能够占领用户心智，是最大的流量池，是高转化率的保障，有很高的竞争壁垒和极强的复利。个人 IP 资产，需要以长销爆品为载体，长期投入，系统地建设，最终才能发挥出不可估量的长期价值。

获客篇：把握四招心法，精准引流获客

获客的本质：流量与“留量”

获客的本质，是努力获取用户稀缺的注意力和信任度，并转化为成交。持续获客的过程，本质上是持续为客户创造价值，并持续与客户成交。

获客需要解决的两个根本问题：流量与“留量”。

为了获取尽可能多的流量，需要穷尽所有可能获得流量的渠道，找准一种全力投入的方法。

为了沉淀尽可能多的“留量”，需要构建丰富的增粉链路，高效沉淀用户，并深度精细化运营。

获客方式的演进：

在广告时代，流量就是门店顾客。在公关时代，流量就是媒体受众。在搜索时代，流量就是搜索结果，导流至电商落地页进行转化。在当下社交时代，流量就是内容 + 种子用户 + 平台。每个流量的背后，其实对应的都是一个真实的人。流量的本质，是有血有肉的用户。

获客的第一步，要将公域流量转化为私域流量。

公域流量	私域流量
即公共区域的流量，是大家共享的流量，不属于企业和个人，需要花钱购买，比如微博、抖音、快手、百度、京东、淘宝的流量，大部分都是一次性流量，如果需要再次获取，必须再次购买。	私域流量是指能自主运营，可以反复自由利用，无须付费，又能随时直接触达的流量资源，属于流量的私有资产。**私域的本质，就是长远而忠诚的用户关系。**

公域流量的用户属于平台，私域流量的用户才属于个体，所以要把公域流量变成私域流量，把抖音、快手、小红书、百度等公域

平台的流量变成微信好友，成为私域流量。建设私域最后的目标指向，是把流量转化为客户，完成购买、交易，以及长期的 LTV（生命周期总价值）。

玩转流量的四大心法

IP 引流获客的四种方式分别是，造流量、裂流量、换流量和买流量。

造流量就是通过创作内容来获取新的流量，这是 IP 的重要引流方式，因为通过内容吸引来的流量，往往是精准的**心智流量**。用内容抢占用户的心智，让用户对 IP 有充分的认可，这样的流量才是能实现高转化率的流量。造流量的方式有：通过公众号、知乎图文内容获客；通过抖音、快手、小红书等公域平台上的短视频、直播获客；通过视频号私域平台上的短视频、直播获客。

建议 IP 可以从私域平台起步，立足于微信生态。**用朋友圈、**

视频号、公众号来创作内容，构建微信的内容生态，用于知识沉淀和用户证言。**再通过朋友圈发布短图文，**用于IP人设打造和用户运营。**然后通过企业微信发布短图文，**用于用户规模的运营。**最后通过视频号实现短视频与直播的双驱动，**成为最高效的内容拓客引流与销转变现的形式。

裂流量就是通过吸引更多的用户并利用他们的社交经验，从而获得更多的流量。**裂流量**的方式有：朋友圈的海报裂变、社群内容裂变、发圈领资料裂变、直播预约裂变、付费客户转介绍、合伙人体系等。它是基于现有的内容和体系，让用户帮你完成传播的一种流量获取方式。

换流量就是跟同类型的KOC（关键意见消费者），完成流量的置换。方式有：朋友圈互推、公众号互推、直播连麦、社群内分享、私域互推以及联合讲座等。换流量需要注意的是，在进行互推的时候，要选择粉丝体量相当的IP。

买流量，顾名思义就是花钱买流量。常见的方式有：朋友圈广告投放、加入付费社群、公众号广告投放、视频广告投放、腾讯广点通投放、抖音巨量千川投放、小红书聚光投放等。

从“流量”到“留量”

链路的本质

链路等于私域，因为链路就是用来经营粉丝囤积流量的，所以它就是私域。而私域的本质是解决商业效率的问题，所以链路的本质就是解决怎么涨粉、怎么承接、怎么销转的问题。

我们经常说，不销而销就是最高级的销售。把粉丝都加入个人微信当中，是需要我们主动地去营销的。但是如果搭配好转化场景，如朋友圈、公众号文章、短视频推广，这些场景都可以帮助我们去“种草”产品、去销转，让用户直接下单。这就叫作不销而销，或叫作自动化营销。

IP 如何从搞“流量”到做“留量”？

IP 的“运营痛”是流量接不住、不涨粉，用户不沉淀、流失快。分析原因就是增粉链路不清晰、用户引导不充分、钩子产品吸引力不够。解决的方法就是构建高效增粉链路，加强用户引导，设计有吸引力的钩子产品。

公私域联动的逻辑

微信生态的公域，有视频号短视频、视频号直播、公众号、小程序等，都可以通过裂变来吸粉。

微信生态的私域，有企微 / 个微、社群、朋友圈、公众号、视频号，这也是囤积流量的地方。用户接触你的触点越多，未来你留住用户的可能性就越大。

公私域联动，就是激活我们沉淀在私域中的用户，使之愿意转发、撬动公域流量。拿到新的公域增量后，再回私域沉淀。

涨粉中转站是视频号、公众号、小程序、小鹅通。

三大链路，增粉加倍

基于视频号的三类增粉链路，有**公众号增粉链路、短视频增粉链路、直播增粉链路**。

公众号增粉链路方式有：视频号简介 + 公众号，公众号文章 + 短视频，公众号文章 + 公众号文章，公众号 + 自动回复，公众号 + 菜单栏目。

短视频增粉链路方式有：短视频 + 公众号文章，短视频 + 直播预约。

直播增粉链路方式有：直播 + 置顶短视频，直播 + 企业微信小气泡 + 下场预约，直播 + 视频号商店。

公众号增粉链路

视频号简介 + 公众号
公众号文章 + 短视频
公众号文章 + 公众号文章
公众号 + 自动回复添加微信
公众号 + 菜单栏目 + 加微信 +
历史文章 + 课程专栏

短视频增粉链路

短视频 + 公众号文章
短视频 + 直播预约

直播增粉链路

直播 + 置顶短视频
直播 + 企业微信小气泡 + 下场预约
直播 + 视频号商店

十种方式，高效增粉无遗漏

公众号增粉链路

公众号对于我们个人品牌的定位，可以叫作**公司简介**。在公众号上，用户可以看到用户证言、企业价值观、员工风采、直播简介、大活动介绍等，这些内容以文字和图片的形式长久留存，供用户随时观看。在做短视频、直播的时候，是没有办法详细介绍这些的。

视频号简介 + 公众号

在视频号简介处显示公众号，在公众号简介里显示视频号。在用户同时关注后，当你发布新的内容时，两个平台都会弹屏提醒，相当于用户被触达了两次。

公众号文章 + 短视频

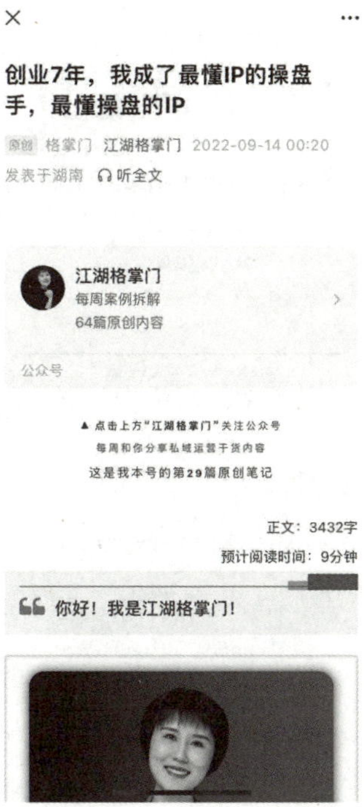

在公众号文章中，可以嵌入视频号短视频的链接。相当于你在视频号上发了短视频让用户看到后，你在公众号文章中又重新把这段视频发了一次，提醒用户再看一轮。还有一种“一鱼多吃”的方法，就是可以直接把短视频的逐字稿，编辑成公众号文章再发一遍。

公众号文章 + 公众号文章

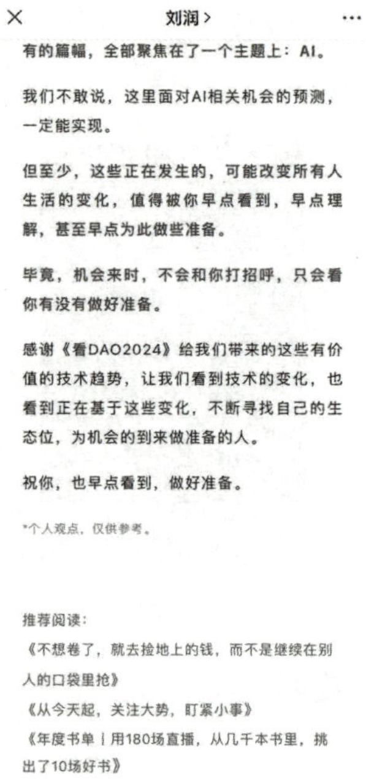

× 刘润 > ···

有的篇幅，全部聚焦在了一个主题上：AI。

我们不敢说，这里面对AI相关机会的预测，一定能实现。

但至少，这些正在发生的，可能改变所有人生活的变化，值得被你早点看到，早点理解，甚至早点为此做些准备。

毕竟，机会来时，不会和你打招呼，只会看你有没有做好准备。

感谢《看DAO2024》给我们带来的这些有价值的技术趋势，让我们看到技术的变化，也看到正在基于这些变化，不断寻找自己的生态位，为机会的到来做准备的人。

祝你，也早点看到，做好准备。

*个人观点，仅供参考。

推荐阅读：

《不想卷了，就去捡地上的钱，而不是继续在别人的口袋里抢》

《从今天起，关注大势，盯紧小事》

《年度书单丨用180场直播，从几千本书里，挑出了10场好书》

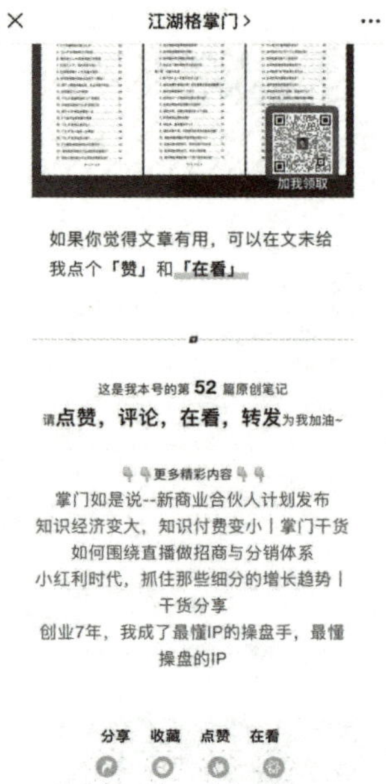

× 江湖格掌门 > ···

加我领取

如果你觉得文章有用，可以在文末给我点个「赞」和「在看」

这是我本号的第 52 篇原创笔记

请**点赞，评论，在看，转发**为我加油~

👇👇更多精彩内容👇👇

掌门如是说--新商业合伙人计划发布

知识经济变大，知识付费变小丨掌门干货

如何围绕直播做招商与分销体系

小红利时代，抓住那些细分的增长趋势丨干货分享

创业7年，我成了最懂IP的操盘手，最懂操盘的IP

分享 收藏 点赞 在看

在公众号文章中，再放置其他公众号文章的链接，让用户能看到更多的文章。还可以在这篇文章里面留下钩子产品。

公众号文章 + 自动回复

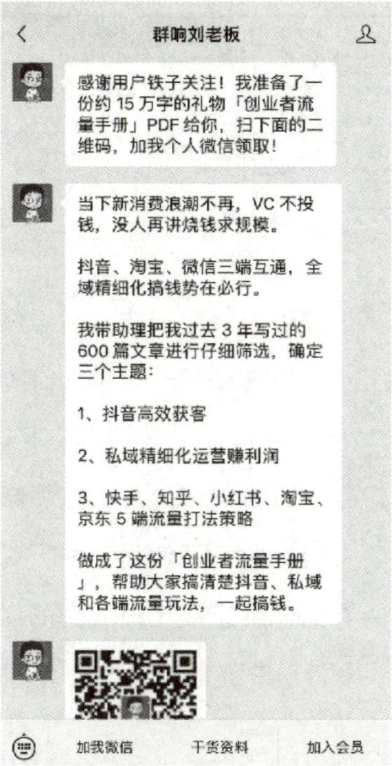

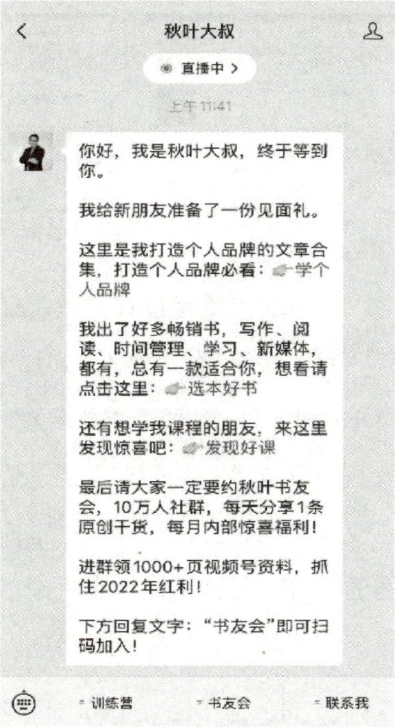

所有的公众号一定要添加自动回复。自动回复的内容要有**自我介绍**，自我介绍的核心就是提供价值点，给用户准备一份钩子产品，设置为"加我微信就可以领取"，这就是一个增粉链路。自动回复还要**设置回复关键词**，通过这些关键词，让用户可以快速看到想看的文章，也可以领取钩子产品，用来提升公众号日活跃用户数量。

公众号 + 菜单栏

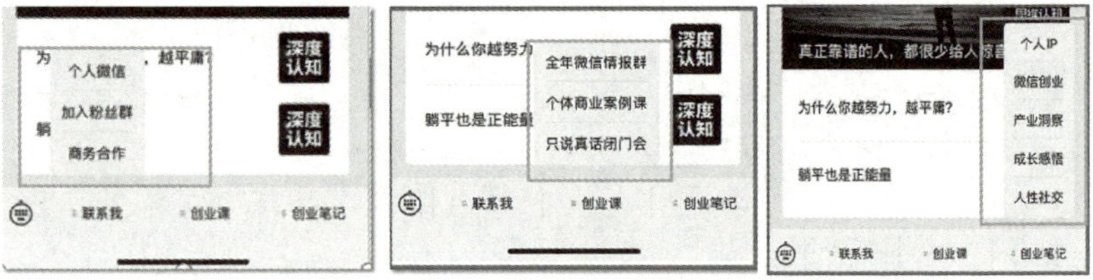

一般的菜单栏设计，就是**联系我、课程专栏和历史文章**。设置“联系我”可以再细分到加个人微信、加粉丝群和商务合作。菜单栏里面一定要有产品展示，产品展示可以命名为课程专栏。就是用户点进去，能够看到、购买产品，因为很多用户都是静默成交、自动成交的。菜单栏里面还要有历史文章，就是一些干货类的内容，保证用户一点进来，就能看到你最想要让他看到的内容。这里面一定要有**品牌简介、IP 故事和用户证言**。

短视频增粉链路

短视频 + 公众号文章

在发布短视频的时候，可以链接一篇公众号文章来吸粉，并且添加一些引导类的话术，例如“点击下方链接，免费领取”。在发布短视频的时候，填写的信息越多，得到流量的机会就越大。作为推广链接的公众号文章，一般是**活动型增粉文**，要有三个部分：**介绍活动内容和活动形式，展现活动的意义和情怀以及最重**

要的留钩子产品——加微信或入群能够领取什么福利。

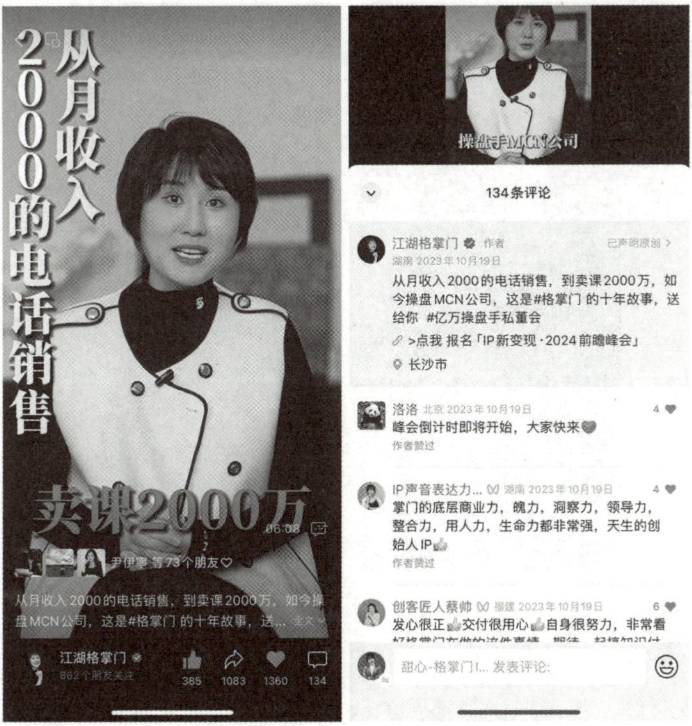

还有一种**自我介绍型增粉文**，也是有三个部分：**能够增强人设的身份标签，个人的成功案例介绍，**可以简单说说创业历程，同样有**钩子福利产品**——加微信或入群能够领取什么福利。

短视频 + 直播预约

值得注意的是，直播预约一定要提前做好。因为每天发短视频的时候，都可以把直播预约码挂上，这样每天都有一次让直播信息触达用户的机会。

提升直播预约量的方法有四种：第一种是直接把直播预约发到社群；第二种是在直播的过程当中，就让用户一键预约下次直播；第三种是公众号预约；第四种是短视频预约。

直播增粉链路

直播 + 置顶短视频

IP 的短视频页面也要排版。尤其是**前三条置顶短视频，一定要有品牌短视频，或者是“十年体”短视频，**用以介绍你的公司、产品、核心价值观。**置顶短视频，一定不是你的热门短视频，而是你的营销短视频。**直播的时候，有一个很重要的直播话术，就是“如果你还不了解我，可以看一下我的置顶短视频”，用户看完置顶短视频后，可能就会关注你或马上下单。这也是非常重要的销售场景。

直播间 + 企业微信小气泡 + 下场预约

在直播的过程中，你的企业微信会一直显示在你的手机上，但在用户的手机界面上，它只会出现 3～5 分钟，所以你要不停地去弹屏企业微信。直播的过程中，还有一键预约所有直播的功能，需要你提前设置。

直播 + 视频号商店

直播的时候，购物车中可以挂视频号商店中的产品链接，也可以挂外链，比如说小鹅通、知识星球、有赞商城等平台的商品链接。视频号是有**分销功能**的，未来视频号销售很重要的一点就是分销。

三大技巧，紧紧勾住用户

引导用户关注的方式一般有**短视频引导关注、直播引导关注，以及口播引导关注**三种。其中口播引导关注是最有效的。

三种常用的钩子产品：免费的电子书/资料包、视频/音频课、个人创业笔记。值得注意的是，钩子产品的标题要有足够的吸引力。

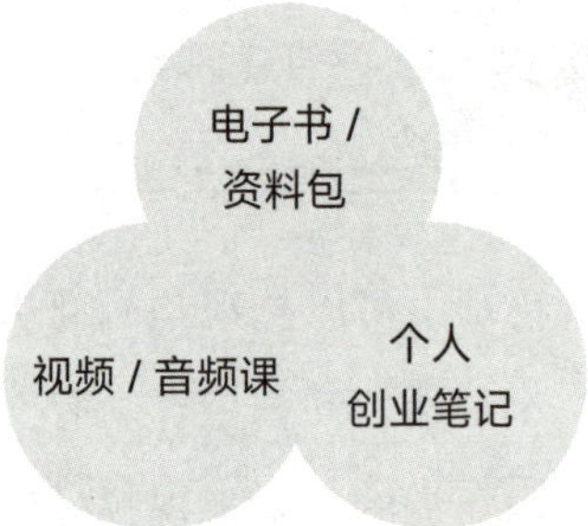

营销篇：三大销转策略与五种销售场景，让发售无往不利

浪潮式发售

所有高效的线上销售方式，本质上都是一次浪潮式发售。成交的本质，是用势能放大价值后的结果。

浪潮式发售五部曲

浪潮式发售是一个经典的商业模型。

浪潮式发售的五部曲分别是：梳理客户名录、造势、预售、发售、追销这五个步骤。

梳理客户名录

梳理客户名录，也称“盘单”，尤其是可以从私域中的标签用户，测算出成交额。

在项目启动之前，需要给自己的粉丝人群做画像——目前粉丝量是多少，粉丝的年龄、性别、身份、收入是怎样的，有可能成交的人数是多少，意向用户能接受的价格范围是多少。粉丝身份决定了我们卖什么产品给客户，粉丝基数决定了我们能卖给多少人，粉丝能接受的价格范围决定了产品的定价。还要梳理更具有商业价值的产品是什么，盘点人生中的成就事件，要求数据结果可量化。

根据打标签的方式，梳理用户分类。分为未成交用户和已成交用户。未成交客户又分为：A 类，是高意向用户；B 类，是意向

中等的用户；C 类，是已听过产品介绍，但还没有聊到报价的用户；D 类，是打过招呼，但说两句就断掉的用户；E 类，是成交意向不强的用户。**已成交用户**分为三类：普通 VIP 用户，买过一次的；重要 VIP 用户，买过多次的；大客户，有渠道可以分销的。

造势

造势分为四个步骤：

第一个步骤是写一封邀请信，也叫**销售信**，官宣出道。

第二个步骤是发布预热视频，包括体现专业度的知识锦囊类视频 10 个，体现江湖段位的大咖声援视频，以及用户证言视频 6～10 个，这些都作为预热视频。

一场朋友圈发售活动一般会持续 3～7 天，所以**每天要在朋友圈里持续宣传造势，这是第三个步骤。**

第四个步骤是邀请用户进入专属社群，通过深度运营，提升用户的信任感。

下面具体来分析一下这四个步骤。

销售信的结构是：说明发起某项活动或付费社群的初心；提出为什么要这么做，来展示具体场景中用户亟待解决的问题或痛点，激发其强烈的购买欲；说明打算怎么做，以此来介绍产品，赢得用户信任，阐述解决方案的必要性与紧迫性，并说明能提供哪些用户权益，塑造价值感；用服务哪些人群来重申目标客户的痛点需求，以及产品能提供的价值；设计价格锚点，限时限量促单。

造势的预热短视频：就是在自我宣传的同时让大家来为你声援。包含干货知识锦囊类、大咖声援类、用户证言类视频。

朋友圈造势的七类主题内容：打造产品稀缺性、提升产品价值感、吸引客户关注度、增加客户信任度、抬高客户期待值、烘托抢购的氛围、刺激客户的快速购买欲。

邀约进社群，是为了深度运营，培养信任。日常运营有三个动作，第一个是**滋养**，发干货知识，用内容持续滋养用户。第二个是**参与**，让用户参与到一些产品的研发和打磨中来，使社群活跃起来。第三个是**口碑**，我们用一对一的服务，来强化用户的口碑传播度。

预售

预售时长一般是 2 ～ 4 周。预售要达到的目的是深化用户的信任，通过预售来锁单。在预售的过程中，我们主要是发**课程的详情页截图、产品的价值点、产品的内测反馈以及用户的证言**等，通过这些内容不断加强用户对我们的信任。同时在产品发布前一周，要上线**倒计时海报**。通过朋友圈造势，不断营造稀缺感和紧迫感。如果预售阶段气氛不够热烈，可以考虑让用户先交定金来锁单，余额在直播当天的发售活动中补齐。

发售

发售，一般以四天为周期。发售的**第一天**，上午 10 点，宣布开始销售，正式销售是在直播间、社群、私聊、朋友圈中同步展开的。下午 4 点，在各个社群里发起接龙，告知大家销售顺利，感谢大家的支持，不断地营造氛围。晚上 10 点之后，做常见的问题解答，深化信任，促成下单。

第二天和第三天，同样是上午 10 点，公布第一天的销售数据，感谢大家的支持。下午 4 点，发布已成交客户的海报和客户的感言。晚上 10 点，在社群内晒单、晒用户的证言、发布已成交用户的回访截图和聊天截图。在社群内发物料，拉满气氛，引导更多的潜在用户下单。

第四天，上午 10 点，提醒大家发售的截止时间马上要到了，所以一定要抓紧时间下单。下午 4 点，再次提醒发售的截止时间。到晚上 10 点，开始最后 2 个小时的发售倒计时。发售时间截止，宣布发售结束，进行复盘总结。这就是发售四天内每天的关键运营的动作。

追销

追销，就是在朋友圈及各个社群中同步进行，重申报名截止时间，营造紧缺感。在各个社群里安排氛围组，与老学员一起参与接龙，发表用户证言，营造报名气氛。在追销过程中，再次强化产品的价值感，强调成交主张，营造产品的稀缺性与下单的紧迫感。**追销的核心是做复盘会，**与未成交但感兴趣的用户做一对一深度跟进，进行追销。

三种基本销转模式

三种基本销转模式是：自动化销转、批量销转、一对一销转。

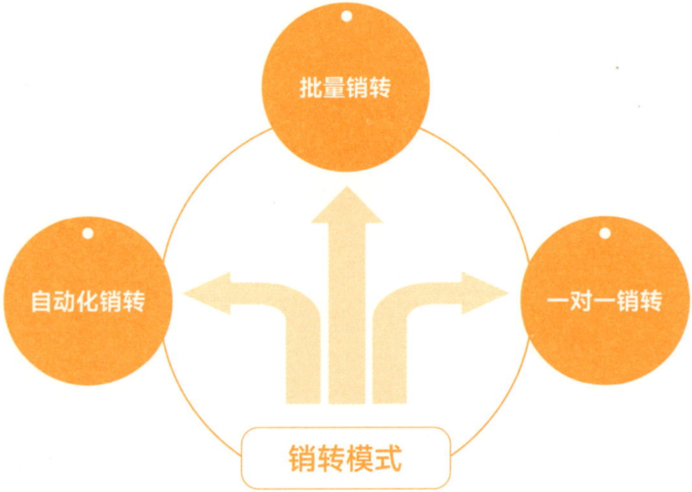

自动化销转，指的是有信任基础之后，通过有吸引力的销售文案、话术，来引导用户自动下单。应用场景主要是直播间、朋友圈、短视频，以及公众号后台中看到的商品链接、小程序等，是不需要通过大量的营销话术、一对一场景，就能够拿到的成交结果。

批量化销转，指的是要**营造特定的场域和氛围**。利用羊群效应、用户的从众心理，来解决用户购买时的必要性、独特性、稀缺性的问题。主要的场景是发售场景，比如浪潮式发售、直播发售、社群发售、线下会销等。

一对一销转，顾名思义就是通过一对一人工私聊的方式让用户下单。方法通常有一对一聊天、一对一打电话。

五大发售阵地

五种常规发售场景分别是：朋友圈发售、直播间发售、社群发售、私聊一对一发售和大事件发售。

朋友圈发售，就是在朋友圈里做活动官宣，发布倒计时海报造势；塑造 IP 价值、强化产品价值；用学员录取、限时涨价等方式，促销、追销，促进自动化成交。

直播间发售，就是戳用户痛点、造销售场景；讲产品亮点、服务价值、成功案例；发布限时优惠、福利；用服务方式及保障，打消用户的顾虑。

社群发售，是从某个使用场景切入，介绍做产品的初心，分析当下用户的普遍痛点，说明用什么方式帮用户解决问题，展望未来；进入正题，做产品介绍、讲特色优势、塑造价值感；氛围营造、学员发表感言、造势促单、完成销转。**社群发售一定要在群内做接龙。**

私聊一对一发售，分为八个步骤：需求挖掘、追问确认、电话咨询、戳痛点、展望未来、展示成功案例、产品报价、成交关单。

大事件发售，是通过发起一次线上大型品牌营销活动，打造一套高效复用、稳定营收的营销模型。大事件启动的六个步骤：找流量大咖合作、造新词做新内容、私域促活、做裂变、做引流、做复盘。

运营篇：玩转六类社群，构造私域防线

IP 私域四大关键点

IP 的私域有四个关键点：用户被 IP 的内容所**吸引**，与 IP 之间产生**共情**，或者说**强情感连接**，从而与 IP **共建**一个组织，建立**归属感**。

公域负责吸引，私域负责留存和变现。公域是“捕鱼”，私域是“养鱼”。

私域是用来维护长远而忠诚的用户关系，**运营私域从建立信任开始。**从用户愿意信任你，愿意从你这里买东西，愿意帮你来裂变，口碑相传，到跟你共建私域。

私域运营 RARRA 模型，打造私域大回路

以“**留存**”为核心的私域运营大回路，先思考用户留下来的理由，再做拉新、获客。

RARRA 模型

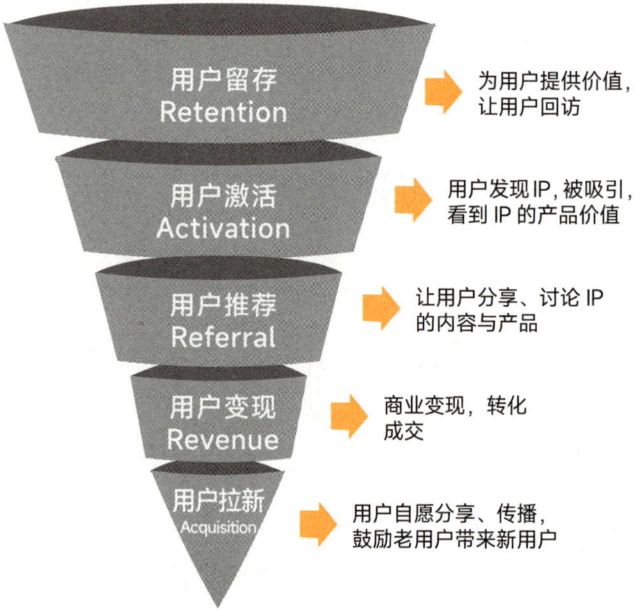

从**用户留存**开始，为用户提供价值，让用户停留。到**激活**，让用户发现IP的吸引力，进而关注IP的产品价值。再到**推荐**，让用户分享、讨论IP的内容与产品。然后到**变现**，即实现商业变现，转化成交。最后是**拉新**，让用户自愿分享、传播，鼓励老用户带来新用户。这就是**RARRA模型**。

用户留存：为留存在IP社交账号当中的用户，**提供有价值的内容，**进行持续的深度运营。**稳定交付质量，**让购买商品的用户得到其应得的价值，并为其创造意外之喜，增加其信任感，让其愿意为IP进行传播。**建立有温度的连接，**IP要有计划地组织社群活动，分享内容，定制服务，让用户感到自己与IP在一起，IP最懂自己。**构建产品矩阵，**为用户提供更多的产品选择，让产生购买行为的老用户复购，拉长私域的生命周期，降低用户重新选择的风险。

用户激活：通过一个**品牌大事件或新的社群活动**，激活你的用户，进一步发现他的需求、习惯和爱好，同时也进一步培养关系。**立好人设，**用一张专业海报、一个“十年体”短视频或者一封销售信让用户了解你，对你产生兴趣。**促进连接，**第一次接触很重要，重点在于用户是否与你做了深度连接，比如提问、连麦、咨询等。**设计好体验，**设置“里程碑事件”，让用户记住美好的连接体验。

用户推荐：用户被激活后，内心是特别想和朋友分享的，因此只需要一个合适的理由或者美好的体验，就很容易推动用户推荐新人。三种方式：引导用户在朋友圈中分享与IP接触的美好体验，比如社群体验、优质产品及服务体验，进行口碑传播；引导用户在社群中分享用户证言，影响和转化潜在用户；通过裂变活动让用户带来新的用户。也许你未来的超级用户，就是你现在的超级用户带来的。

用户变现：用户留存的时间越长，私域商业价值将越大。在线的变现，一定是基于IP对用户的了解以及IP前期在“留存和激活”中和用户建立的信任度。IP基于对用户的了解，学会**对用户进行分层**，更精准地定位目标用户，进而提升成交率。**关联性营销**，根据用户明确的需求，持续为其提供与主题相关的服务和产品解决方案。**洞察性行销**，洞察到用户的其他隐性需求，促进成交。

用户拉新：通过IP的影响力、老用户背书、公域与私域联动，进行破圈营销活动，为其带来新的流量。三种方式：稳定的内容输出，持续的平台“种草”；大咖直播连麦，资源互换，价值互补；建立合伙人机制，鼓励老用户带来新用户。IP做大势能，做强交付，得到老用户认可，私域才有持续的新流量。

成交AITDA模型，打通私域小闭环

私域的小闭环也叫**成交五步方程式**，又叫**AITDA模型**，这也是私域当中很重要的一个模型。

AITDA 模型

这个闭环有五个元素：引起关注、激发兴趣、建立信任、刺激欲望、促进行动。

AITDA 模型适用于活动总体策略、海报设计、文案设计、产品宣传、用户沟通、直播连麦等。

引起关注，意思是在第一时间就要抓住用户的注意力。所以 IP 发布的内容要有抓人眼球的宣传标题或主题，抓心的内容表达、创新的海报设计，IP 还要注意直播时的表情、语气、语调。

激发兴趣，就是提供能够迅速引发用户兴趣的内容，作为主标题内容的一个延伸。

建立信任，通过“用户的口”来获得潜在用户的信任，留存用户证言，让用户意识到你是一个有真情实感的人。

刺激欲望，产品卖点要以用户的视角去描述，要简洁有力，要聚焦在用户需求上。

促成行动，成交链路越短越好，1～2 步最佳；付款方式越多越好；付款过程干扰越少越好；行动指令越简单、越具体、越明确越好。

承接流量的高效链路搭建

以下三种情况，使用**企业微信**：超过 1000 个客户；有 2～3 人的小团队，需要在线上持续获客、做转化、做服务；在腾讯系做私域，打通并使用各种工具，如小程序、视频号、公众号、企业微信与个人微信、小商店。

客户超过 2000 人，做链路运营的时候，需要**购买第三方工具**。

操盘一场活动，在活动发起**前 12 个小时**，需要做承接流量的准备。

承接流量的四项工作

物料核对	标签设计	设置欢迎语	设置侧边栏
活动内容 海报内容 产品详情页 私域与成交链路	渠道来源 是否付费 成交意向 关注热点	➢ 二维码与欢迎语相对应 ➢ 话术要恰当 ➢ 根据 IP 做个性化话术	活动主题 需要收集的信息 对话话术 准备的资料包
物料	标签	欢迎语	侧边栏

进行物料核对，包括核对活动内容是否正确、相互之间是否吻合，海报内容与详情页内容是否一致，用户进入私域的链路与成交链路是否畅通。

检查二维码标签设置，看是否至少包含了渠道来源标签或者是活动标签，用户是否为付费学员、成交意向如何，用户感兴趣的内容是什么。

设置欢迎语，不同的二维码要设置不同的欢迎语。要注意：语言要恰当，即文字要口语化、有温度、符合 IP 个性，以及要根据 IP 做个性化话术。

设计侧边栏，注意侧边栏的信息是否能够涵盖本次活动的内容，比如活动的主题、需要收集的兑奖信息、对话话术，准备的资料包等。

承接流量的链路选择

直接加好友，用 IP 或助理的微信承接。链路短。

直接入群，降低用户的抗拒性，无风险操作。链路短。

加好友 + 入群，用户在进入过程中会中途放弃。链路过长。

入群 + 加好友，用户直接入群，需要反向下钩子引导加好友。链路短。

入群 + 加多个好友，需要多个理由，以及较多的人力。

当日流量承接，以直播活动为例

准备阶段	内容	根据活动（直播）的主题及框架，提炼相应的运营内容，至少是每个节奏点的内容，将之整理到侧边栏中，方便在直播期间引导私域内的粉丝关注直播。
	朋友圈 / 倒计时	根据活动（直播）主题编制朋友圈内容及群运营话术，根据直播的时间确定群运营内容，当日发不少于 3 次朋友圈。
	玩法 / 资料	根据直播节奏表，用微文档列表方式记下每个时间段的奖品、所发资料的条件，并将兑奖话术、发资料的话术及链接整理到侧边栏中。
承接运营	发资料	直播时，根据粉丝完成任务的情况，发送相关资料包。
	兑奖	每次发奖时，根据中奖名单，在好友或者群内找到相应人员，发送兑奖信息。
	运营内容	根据预设的内容发送分享链接，根据直播间产生的新内容、金句在群内进行及时分享。
	下单用户加好友	根据后台数据，直接加直播间下单的用户为好友，与之做进一步的沟通。

复盘核对	核对中奖名单	直播结束后，直接核对中奖名单与加好友数量及兑奖名单，如有未加好友的，在第二天运营中及时添加。
	核对下单用户	一对一核对后台数据，不要遗漏，与下单的用户做深度沟通。
	内部运营总结	对照计划及运营话术进行复盘。

第 2 ～ 3 天运营追销

追踪跟单	1. 一对一跟单落单 2. 根据线索挖掘新粉丝的需求，争取下单
成果运营	1. 直播内容的回顾性运营 2. 朋友圈运营 3. 直播成绩的宣传性运营（公众号、社群）
兑奖资料	1. 兑奖查缺补漏 2. 资料包查缺补漏
新直播运营	1. 预约直播运营 2. 朋友圈预约运营 3. 公众号预约运营

总结：先胜而后求战

第一，我们一定要理解 IP 的价值主张、核心优势及竞争力。

第二，我们一定要在公域与私域中，维护 IP 的形象，帮助其持续提高势能。

第三，我们要与用户待在一起，了解他们——他们是谁？他们的核心需求是什么？

第四，我们要以用户喜欢的方式设计活动，去做用户成长的设计。

第五，我们要完整、完美地对用户进行交付，制造更多的用户体验感动点。

社群引爆 IP 势能

IP 生态在线上。现在几乎所有的 IP，都是通过在线上曝光来获取流量，并且基于微信生态，搭建商业模式。

用户的留存。当你在线上获取用户之后，你需要通过线上社群使用户留存，批量化地管理用户。

关系的维护。在拉近你与用户之间的关系后，你可以设计一套社群运营机制，让用户参与社群运营。

内容的交付。对于知识 IP 来说，需要交付的产品多为知识或解决方案，需要通过社群来交付。

大多数情况下，社群会成为引爆 IP 的加速器。

知识 IP 的社群商业模型

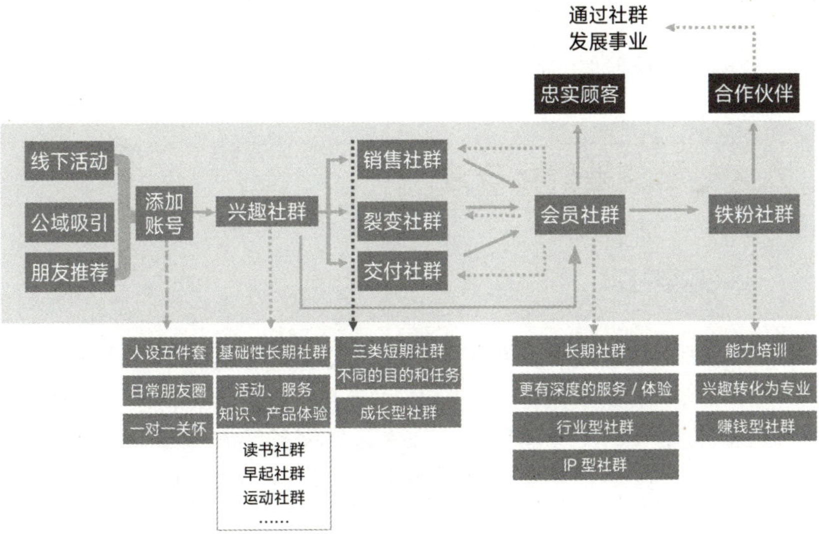

通过“**捕鱼**”的方法，让用户添加你的账号；经过私域的经营后，把这个用户拉到第一个社群——**兴趣社群**或者是**流量社群**中。这个社群一定要是一个长期社群，可以在里面设计大量的活动。然后再根据不同的需求进行分流，比如卖货的，就进**销售社群**；需要用户帮忙裂变的，就进**裂变社群**；客户买了产品的，就进入**交付社群**。这些都是短期社群，是为了完成不同的任务而建立的，等任务完成后就可以解散了。买过一次或多次产品的用户，可以进入**会员社群**，这个是长期社群，会比兴趣社群等多一些服务和活动。有了共建者和合伙人后，就把他们拉进**铁粉社群**。顺着这套社群矩阵模型的思路，实际上就已经把社区商业模型给梳理出来了。

你需要根据你的业务情况，打造你的**社群矩阵**。

六大社群的差异化玩法

兴趣型社群

社群定义	这是一个基于用户兴趣的长期运营的社群。通过组织兴趣活动，把目标用户聚集到社群中，在社群中分享知识、提供答疑服务、进行线下线上活动招募等，给新用户树立良好的第一印象，并且长期在社群中促进用户活跃，激发兴趣。
社群目标	吸引新用户、留存所有用户、建立信任、活动招募等。
社群人群	所有用户、新用户、未成交用户。
常见玩法	活动体验：参与各种线上线下的兴趣活动。 知识体验：分享与社群主题相关的知识、小贴士等。 服务体验：顾客问题答疑、一对一服务、社群交友等。 产品体验：线下产品试用、在线体验训练营服务等。

注意事项	• 此类社群是长期社群，可不断添加新成员，针对新成员做好入群仪式及自我介绍即可。 • 此类社群是基础用户社群，用户可以升级进入其他的社群，但此社群可以一直保留。 • 可以在这个群里“种草”产品，进行活动招募，用户完成任务后可以回到此群中。 • 兴趣群可以设立用户的积分互动机制，用户完成任务后可以获得更多活动和产品体验的机会。 • 设立兴趣群运营的固定项目、人员分工等，建设成一个流程化、高效率、自动运营的社群。

会员社群

社群定义	这是一个服务忠诚用户的长期社群。在此类社群中，我们基于用户长期使用产品的需求而提供增值服务，要让忠诚用户拥有“被独家宠爱”的感觉。
社群目标	持续激活已购买产品的用户，推动其持续复购，并且获得这些高价值用户的信任。
社群人群	购买过产品的用户、经常购买产品的忠诚用户。
常见玩法	专业版知识分享：更专业、更系统。 高质量人脉圈：邀请有影响力的 KOL（关键意见领袖）、专业人士等进群。 特色线下线上活动：独属于会员社群的专属活动。

注意事项	• 此类社群是长期社群，只有购买产品的用户才可以加入。 • 此类社群提供的是升级版的、更深化的服务内容。 • 我们要通过和用户的深度互动，来激发他们的归属感，来建立长期的信任关系——让用户做分享、让用户组织活动，同时也让用户参与到社群的运营当中。 • 此类社群以年为单位，所有的活动要以年为单位持续策划、持续运营。

解决方案型社群

社群定义	这是一个以某个解决方案为目标的短期社群，结合产品解决方案及用户的需求，打造不同主题的社群。目标是通过有效的产品解决方案和社群服务，辅助用户持续使用产品并且得到实实在在的改变。
社群目标	帮助用户通过产品解决方案得到改变，加强用户的信任。
社群人群	有明确需求的用户。
常见玩法	28 天减脂社群：陪伴用户通过产品解决方案、饮食、运动和健康的生活方式，获得身材和形体的改变。 5 天训练营体验群：每天学习一个实操技能，让用户拿到小成果，引导他们购买正价课。 28 天社群运营认证营群：陪伴用户通过课程学习，习得社群运营技能，制定社群运营方案。

注意事项	• 此类社群以产品解决方案为核心，因此进群的用户需要先购买产品。 • 此类社群一旦完成训练，就会解散，而用户会继续留在长期社群中。 • 解决方案社群是集中在一段特定时间内重度运营的，需要结合社群、一对一服务等多种形式展开。

裂变社群

社群定义	这是一个推动用户去完成某项任务的短期社群，此类社群的任务是激励那些获得了良好社群体验的用户去转发、推荐我们，然后带来新的用户。 要提前告诉用户这是什么活动，让用户带着活动的目标进群，并告知完成任务后该群就会解散。
社群目标	拉新（带来新用户）、启动、推荐、口碑传播。
社群人群	活跃的用户，获得了良好社群体验并愿意分享的用户。
常见玩法	任务型裂变：用户通过转发活动海报，邀请新用户加入，完成任务可以获得小礼品或者小福利。 打卡裂变：用户完成 7～10 次活动转发，完成打卡任务，可获得权益或者小福利。 群裂变：属于社群所有人的任务，邀请好友入群，当社群人数达到任务目标后，可解锁下一个活动或获得福利。

注意事项	• 用户的推荐和分享是基于我们本身的专业能力、服务水平以及好的社群体验。 • 想要通过裂变社群去招募新的用户，一定要先把基本功练扎实，把社群运营练扎实。当我们把基础打好了，再去做裂变社群，就会有事半功倍的效果。

销售型社群

社群定义	这是一个结合公司推出的促销活动，设计的短期销售型社群。配合公司推出的限时限量的福利，刺激用户进入社群，推动用户下单购买产品。
社群目标	推动用户首次购买，或复购产品。
社群人群	活跃用户，有购买需求的用户。
核心玩法	造势：前期通过讲故事的方式对活动进行造势和预热，目的是引起顾客对活动的期待。 发售：短时间内形成抢购和限时购买的氛围，让用户从看热闹到产生购买欲望。 追销：用户购买后，通过后期的服务和跟踪，促进用户多买多分享。
注意事项	• 这是短期活动社群，结合公司推出的促销活动，通过社群让用户在指定的时间内购买产品。 • 此社群活动是一种集中密集型活动，需要团队分工配合完成。 • 需要结合朋友圈、社群、一对一沟通等多种形式配合推动。

铁粉社群

社群定义	这是一个运营核心铁粉的长期社群，需要把之前社群中的积极用户、忠实用户、铁粉聚集起来，深度连接和赋能他们，让这部分用户和我们一起组织社群、宣传社群、经营社群。 我们帮助用户将兴趣发展成职业，从而使其成为我们的事业伙伴。
社群目标	挖掘和发展潜在事业伙伴。
社群人群	超级活跃用户、忠诚用户、有创业意愿的用户。
常见玩法	训练营交付教练成长社群、操盘手成长社群。 兴趣专业化：学习专业知识、获得资格认证、获得新能力。
注意事项	• 需要设计用户成长体系、用户积分，不断推动大家学习和行动。 • 需要坚定的用户文化，凝聚铁粉的信任，让用户愿意持续追随我们。 • 需要有成熟的社群规则和机制，共同运营、共同维护。 • 先鼓励用户学习专业技能，当其有一定号召力和影响力时，再鼓励其成为事业伙伴。

每个人都需要**建立**起一套属于自己的**操盘思路**和体系，这不仅有助于事业，更有助于人生。

人生赢家和操盘思维

人间富贵帆

- 自在堂创始人
- 千帆太太商学院创办人
- 北京大学“幸福人生与领导智慧高级研修班”特邀讲师

我已婚 11 年，是 3 个孩子的妈妈。在大多数人眼中，我算是一个标准的“人生赢家”：原生家庭条件优渥，17 岁出国读高中；7 年后拿到澳洲一所大学的硕士文凭，还把在澳洲留学时的“富二代”老乡室友，处成了结婚对象；现在是一家文化公司的创始人，主办过几百场关于家庭关系、情绪管理以及个人成长的线下学习活动，令上万人受益，全网有 3 亿多次的播放量，40 多万粉丝；创办了千帆太太商学院。

在系统地学习和了解互联网操盘之前，我其实已经深深地受益于过往练就的操盘能力和系统性思维。在学习格掌门的课程之后，我与其深度地开始合作。期间，我特别清晰地感受到，**每个人都需要建立起一套属于自己的操盘思路和体系，这不仅有助于事业，更有助于人生。**

其实，我的过往之所以看上去特别顺风顺水，也是我运用了操盘思维，步步为营的结果。所以，并不是非要做项目、做 IP，我们才有学习操盘知识的需要，事实是，我们每个人都是自己人生的操盘手。

接下来，我将分享五个我作为“人生赢家”的操盘心法，也希望能够给大家带来一些收获和启发。

一、降低预期，越低越好

人生的获得感其实有一个公式：**实际收获＝事实－预期。**怎么理解呢？这就好比我期望一个项目能给我带来300万元的纯利润，而事实是利润只有150万元，那么我的获得感就是150万元减去300万元，等于亏了150万元。

明明实际到账了150万元的利润，而实际的体验和感受却是损失了150万元，这可太让人无奈了。但其实说到底，这都是因为没有做好自己的**“预期管理”**。人生中大多数关系的破裂，其实也是由预期管理失败导致的。

最大的预期，是没有预期。放到操盘这件事上来说，就是一种心态的管理，当我们对所有即将发生的事情都没有期待，只有全身心、沉浸式地去做，成果自然而然地就拿到了，因为它本来就在那里。

二、加大投入，越多越好

人生可以用来投入的东西真的有太多了，所以很多时候当有些年轻人来跟我抱怨他们没有钱、没有资源，不知道怎么给自己的人生杠杆加码时，我真的觉得他们过于焦虑了。其实他们每个人都是不自知的宝藏。

人生如果只有低预期，可能会幸福，但很难成功。想要既幸福又成功的话，我们就需要在放低预期的同时，尽可能地加大投入。

那用来投入的东西除了金钱和资源，还有哪些呢？在我看来，每个人都要尽可能地把自己的时间和精力，投入到自己真心喜欢且热爱的事情中，这样往往会得到四个层面的回报：

1. 情绪价值。能够一直做自己喜欢且擅长的事的人，一定是快乐且不容易感到疲惫的，这样坚持下来也会容易些。

2. 效率价值。一个人做自己擅长和不擅长的事的效率，往往相差十倍不止，放到足够长的时间线上来看，一个一直在“扬长”的人，最终的人生成就可能比那个一直在“补短”的人多出百倍。

3. 金钱价值。做自己喜欢且擅长的事，更容易做出优势。这种竞争优势会让你更顺利地、更加开心地赚到钱。

4. 成长价值。在你感到松弛和擅长的领域里，往往潜藏着巨大的成长可能性，也只有在热爱的领域里，你才有可能不计较短期回报地沉浸式投入。

三、目标导向

人生是一条路，如何走很重要，去往哪里则更重要。在过往 8 年的从业经验中，我发现大多数人的问题并不是能力问题，而是**心力问题**，并不是专业问题，而是**方向问题**。

太多人不知道自己想要什么，只能选择一条自己看上去“应该走的路”，这让他们的路走得异常疲惫。所以我们要明白，做对选择这件事本身真的太重要了。

一个坚定地知道自己要去哪里的人，注定会拥有越来越顺利的人生；而一个不知道自己要什么的人，无论这个世界给他什么，他都会觉得“这不是我想要的”。

知道自己的目标是目标导向的第一步，而更为重要的是，在此基础上，让自己的一切语言、行为和资源倾斜，全部围绕着自己的目标去行动。很多人口口声声说要变瘦，却从来没有管住自己的嘴；心心念念要找个好伴侣，却从来不去结交异性，类似这些人的目标，我统一称其为**“叶公好龙”式的目标**——只是说说而已，其实没有任何实际意义。

目标从根本上来说，其实跟**“发心”**有很深的关系。“发心”实在是太重要了，同样是少年时期的志向，一个人读书是为了“找个好工作”，另一个人读书是为了“中华之崛起”，谁未来的成就和影响力会更大呢？

我被问到最多的问题是：帆姐，你已经完全不愁吃穿了，是什么让你这么努力？

我回答：是因为我太热爱当下我的这份事业。当下，我也希望可以通过自己的努力，让更多的人拥有更好的生活、更稳定的情绪，建立和谐的关系。这也是未来相当长一段时间内的人生目标。所以我的一言一行，全部都围绕着这件事情来进行。

四、系统性思维

是否拥有系统性思维，是区分强者与弱者最重要的一点。

系统是什么？系统是由相互作用、相互依赖的若干部分组成的，具有特定功能的有机整体，而且这个有机整体又是它从属的更大系统的组成部分。

我们的一言一行，其实都是撬动更大事件发生的那只“蝴蝶的翅膀”，一个能够在言辞出口之前、行动推行之前就充分考虑了“系统性影响”的人，就是我们认知中的**“有格局、有系统观”**的人。

我们每个人都是由各个系统组成的，比如我们的身体有消化系统、呼吸系统、免疫系统、血液系统等，它们相对独立又彼此依存。我们每个人又都属于一些更大的系统，比如家族系统、事业系统、社会系统、国家系统，再上升到宇宙系统。

纵观每个人的人生，我们都无法避免地属于三个系统：**人际系统、事业系统、身心系统。**其中人际系统的质量决定我们是否幸福，事业系统的高度决定人生成功的程度，身心系统的健全决定了我们的心智是否强大。

一个没有系统观的人，很难与别人实现合作与共赢，或者换句话说，一个人能够与多大的系统共融，就能够得到多大的**“系统助力”**。

五、合一思维

你是否愿意相信，这个世界上真的没有别人，全部都是关于我们自己。**我们每个人都有两个世界，一个在外面，一个在里面。**

外面的世界，每天上演着各种各样的剧情，有我们熟悉的人，有我们知道的人，有与我们强相关的人，也有看上去与我们毫无关系的人。在外面的世界，我们在各个关系里，有各种各样的角色和标签。很多时候我们以为问题和卡点都出在外面的世界，于是我们不断地试图协调外面的关系。

那里面的世界是什么呢？**是我们的感受，是我们的过往认知，是我们对外在世界所发生的一切事件的运算模式。**是的，我们与这个世界的关系，是外面有一件事发生了，从而引发了我们的感受，这个感受会触发我们的某一种反应，这个反应可能是一种情绪、一句说出口的话，或者是某个行动，然后这个“输出”会再次引发外界某件事的发生，进而再回到我们的内在世界里进行运算。

所以，说到这里，你是否发现了，外在世界发生的一切事情，其实都是我们内在“起心动念间”牵引出来的。**这个世界如何对待我们，其实都是我们自己“教”的。**

如果我只有一次机会，向这个世界做一些分享，那么我想就自己过往30多年还算成功的人生积累，为大家带来这五条操盘人生的**“成事心法”**。无论看到这篇文章的你是一位操盘手，还是一位 IP，抑或是一位有着神奇缘分的其他从业者，我都希望我写下的这些文字，能够给你带来一些新的发现和启示。

作为一个多年沉浸在**身心灵**的学习中，并且通过实际运用获得不错成果的人，我一直坚信心法先于技法，道法驾驭术器。在操盘之路上，专业和技能非常重要，而真正能支持我们拿到大成果和卓越项目的，一定是我们**本自中正的发心和利国利民的情怀**。

在此也祝各位操盘手伙伴心愿达成，一路长虹。

真正的高手看上去都很固执，
就是把已经成功过的事情
重复做，做到**极致**。

跟对高手，
才能弯道超车

金刚（刘勇臻）

- 九尾传媒创始人 & 董事长
- IP 矩阵全网粉丝 3.1 亿
- 20 年电商专家

一分钱的广告费没花，单纯凭借自然流量，在全网稳稳拿下矩阵 3.1 亿粉丝，我是怎么做到的？

我公司中的一个 IP，每月最高变现 2000 万元，又是如何实现的？

大家好，我是**金刚**，九尾传媒（一家专业的 MCN 机构）创始人。很多人都非常羡慕我，羡慕我什么呢？羡慕我仅靠自然流量，就可以缔造出自己的流量变现王国！

很多业界大咖，像私域肖厂长、江湖格掌门、高海波、周宇霖等，经常和我探讨**不花钱的自然流 IP 变现打法。**

他们都问过我同一个问题，为什么在平台规则一直改变的情况下，我却还能持续拿到大成果？

其实，我的秘诀很简单，“简单”到很多人都不信。

我认为，一家能够源源不断获取可变现流量的公司，并不是因为掌握了多少种五花八门的玩法，而是因为这些公司把一两种验证有效的流量变现打法，给“死磕”到了极致，并且在这个过程中，不断优化每个细节，不断提高自己的隐形壁垒。

这两年，我看到了很多同行的 MCN 公司一个一个消失。而我的公司之所以能“活”到今天，并且维持着稳健商业闭环的核心原因，就得益于我本人 20 年来的从业经历以及 3 次重大转型，带给我的成长和蜕变。

在我 20 年的电商生涯当中，我历经了 6 波潮起潮落，这些宝贵的经历，让我能够有战略耐性地操盘任何一个平台型商业模式，更是我能够精准把握趋势、踩中风口的底层原因。

数次创业失败的经历，虽然让我踩遍了大坑，但也让我练就了扎扎实实的创业基本功。

作为 MCN 公司的 CEO，这三年来，每一天，我都在躬身入局；每一天，我都在打一场关于流量的硬仗，至今不下一线。

而在前不久，我再次出发，解锁第四次转型，从幕后走向台前做 IP，3 个月，涨粉百万。

我还曾将自己最擅长的**自然流 IP+ 内容电商变现**的“钞能力”，面向各领域的 IP、实体老板和操盘手来进行分享。

在这个过程中，我也听到了无数迷茫焦虑的声音：流量太贵、赛道太“卷”、存量竞争太激烈，想要低成本、高效地获取流量完成变现，真的还有机会吗？

2024 年及以后，无论你想做 IP，还是做 IP 项目操盘，又或者对我最擅长的自然流 IP+ 内容电商变现感兴趣，请你一定看完这篇文章。看完后，你自然会有答案。

大家可能很想知道，我是如何通过 **IP 自然流 + 爆款**的方式，把业绩做到单月 2000 多万 GMV 的？

大家可能也很想知道，2024 年及以后靠谱的流量变现风口到底是什么？新入局 IP 领域的创业者，要用什么样的“姿势”正确切入？我又在哪些方面可以帮到你？

接下来的每一句话，都是我的肺腑之言，希望对你有用。

- 2019 年 6 月，我放弃了数百万的年薪，从某上市集团辞职，准备下场抖音，大干一场。
- 此前，我做了十余年电商职业经理人，因为能吃苦、能加班、能抗压，也曾顺风顺水，人前风光。
- 2007 年，我拿到百度的录用通知书，成为百度在深圳的首批员工，并在当年成为年度优秀员工。
- 2010 年，我被阿里巴巴的一支创业团队挖走，深入 B2B 创业，历经波折。
- 2014 年，我在华为电商部门做总监，带领百人团队。
- 2019 年，我在某上市药企公司任电商事业部总经理，带着十几人用了一年时间就创收 1.2 亿……

我一路摸爬滚打，历经了六波潮起潮落。在电商领域待久了，难免会听到大家的吐槽：

电商真是苦啊，战略、财务、产品、营销、推广、销售、售后、管理、品牌……什么都要懂一点。

可我却认为，正是这些“苦”，为我以后的创业之路，练就了扎实的基本功，铺足了厚厚的垫脚石。

我相信，每一个“未来的”创业者，都是有想法、有执行力、有野心的人。就像我，我也不满足于在大厂拿到的这些“小成果”，我有更大的创业理想。

当时摆在我面前的选择有两种，一是进入我不熟悉的抖音，二是继续做我熟悉的淘宝、天猫。

而当时，我也遇到了创业者早期筹钱接项目时，最大的两个难点。

第一，行业信息差。因为我没有看到、没有听到身边有任何人，通过抖音拿到成果，也不知道抖音流量变现的玩法和套路。

第二，认知壁垒。摆在我身边的“钱途”或者模式，要么是我看不起、不屑一顾的，要么是我看不懂、学不明白的。

2019 年，但凡有创业想法的人，都知道抖音是巨大的赚钱风口，并且有着巨大的流量红利。可 90% 的人自始至终什么也没做。**现在想来，避免以下这三大坑，才可能促使你创业成功。**

1. 在未知和恐惧面前，95% 的人踌躇不决，不肯付出任何行动。

2. 被自己正在做的项目束缚，却没有意识到自己的引流渠道和项目其实是“有价值的垃圾”。

3. 认知差、信息差、人脉差、执行差造成的后果都很严重，最终都有可能导致项目的失败。

我很庆幸，一个圈子内的带头大哥，在我做重大方向选择之际，给了我非常宝贵的建议。

在我深度研究了抖音 60 多个赛道和 30 多种流量变现模式后，我认定，**我选对了一个抖音创业风口——打造自然流 IP+ 内容电商变现。**

简单来说，就是用**单 IP 账号矩阵**的方式切入匹配的赛道，以抗衡抖音流量池的不稳定，然后以做自然流为主。这样，多个账号既能确保更高的出单效率，又能拿到更高的ROI（投资回报率）。

然而，当我把这套计划分享给一些电商朋友，想拉他们一起做时，他们却非常悲观地告知我：不能这样做，这种玩法不好，运气成分太大了。

在他们看来，做出一个月涨粉上百万，月赚几百万元的IP，运气大于运营，概率大于内容。就算偶然做成一个，想再复制一个出来，太难了！

总而言之，当时大家都认为我所谓的“自然流IP+内容电商变现”，绝非是一个生意人的“聪明选择”，还劝我回归淘宝、天猫领域去。

我很感激这些兄弟们的好意。虽然身边人的担忧和“劝退”，让我很有压力，我也充分听取了他们的意见，但是，我还是想做自己，想做那个坚持独立思考、不人云亦云的自己。

2019年年底，“抖音商业变现元年”的前夕，各路IP在细分赛道上群雄并起。而我也成立了自己的IP合伙项目和团队。

当时团队不足十人，在我们埋着头，全情投入地做了整整半年后，我们孵化出了一个矩阵粉丝超过千万的“知识IP”（抖音搜索“阿甘”后出来的系列账号，就是我们当时的手笔），**这个矩阵首月单号变现数百万元，最高峰时单月变现超过2200万元！抢占了多个平台的百亿级别流量，并多次登上了抖音热搜，风光无限。**

关键是，我们没花一分钱的广告费！我们以单IP矩阵+内容电商变现的模式出击，可谓大获全胜。**这让我们成了第一波吃到自然流 IP 红利的矩阵操盘手。**

然而，如此挣钱的项目，却很快和我“绝缘”了——项目“一飞冲天”的同时，分成比例、产品模式、发展理念等问题也随之大爆发……

最终，在经历反反复复的拉锯战和消耗战之后，我主动选择退出项目，黯然离场，转身成了“光杆司令”。

撤出一个非常有“钱途”的项目，让我几个月来不舍昼夜的付出功亏一篑。我很心痛，也很无奈，但我从来不觉得自己倒霉。创业路上合作不顺太正常了，我认了，愿赌服输。

虽然合伙失败，可项目是成功的，我也因此收获了极为宝贵的一手经验——**我完整经历了一个自然流 IP 的从“0”到“1”，从全局思考到单点突破，从起号爆量到深度运营，从矩阵化成功再到爆炸变现。这每一个环节，我都亲手做过。**

我也更加深刻明白了，什么是自然流 IP，什么是内容电商，什么是矩阵运营，什么是一个高 ROI 回报的好项目。

所以 2020 年时我就坚信，**“自然流 IP+ 内容电商”这套模式和打法，在未来 5 ～ 10 年中，势头都会很猛。**

未来所有公司都要做 IP，IP 既是内容创作者，更是渠道；**IP 的粉丝信任度，将直接决定产品的转化率和变现效率。**

一定要做自然流 IP，**因为不依赖付费的商业模式，反而活得更长久。**

与前公司解约后，“我不甘心”“我不服”等念头，一直盘旋在我的脑海里。

我想牢牢抓住自然流 IP+ 内容电商的红利，借助自己成熟的打法和宝贵的一手经验，再大干一场。

于是，2021 年 6 月，我带着 50 万元的全部身家，在抖音平台上“卷土重来”，正式成立**九尾传媒**。

我操盘的第一个自然流 IP，是深圳广电集团首席主播董超老师。当时我找到董超老师谈 IP 合作时，他不但拒绝了我，还觉得我是个骗子。因为我竟敢承诺在 3 个月之内，将他的 IP 账号做到百万粉丝、百万变现。毕竟他两年才积累了 15 万粉丝，而且长期难以涨粉，所以当时我也很能理解他的心情。

但我可不是个会轻易认输的人，终于在我的软磨硬泡之下，董超老师同意了合作。接下来，从 6 月到 9 月，仅仅 3 个月时间，**在没有任何投放，且只有一个 4 人小团队**的状态下，我亲自帮董超老师完成了 IP 定位、变现设计、内容体系搭建等，并最终创造了：

冷启动 40 天涨粉 102 万，3 个月涨粉 300 万，第 4 个月短视频带货变现 1000 多万的战绩。

于是我们趁热打铁，迅速将“董超”IP 矩阵化，全网粉丝很快突破 **1000 多万**，短视频带货 + 直播带货齐爆单，当月变现最高突破 **2000 万元**，并数次占据抖音育儿与健康类目的**内容 + 带货双排名第一**。

一次庆功宴上，董超老师和我说："金刚，以后你指哪儿我就打哪儿，绝不废话。"

流量和变现都来得很猛，公司所有人都沸腾了！我也松了一口气。庆祝自己再次打了漂亮的一仗，觉得自己有了护城河。

可是不到一周，我又把心提起来了。

抖音是一个十分内卷的平台，任何一个成功案例的蛛丝马迹，都能引来千军万马的效仿者。好端端的一片蓝海，一个月就能变成了"血海"。

尤其做 IP 流量变现，我的护城河最多只有 3 个月，别人抄袭我的内容、平台改一个算法，我的优势就不复存在。怎么办呢？

那就继续复制，把不确定性变成确定性。

"姚瑶"是我操盘的第二个 IP。这里需要说一下我和姚瑶老师的结缘。大概 13 年前，我就已经是姚瑶老师电台节目的铁杆粉丝了，可以说，我是一路听着姚瑶老师的节目长大的。

人生啊，有时候真的很奇妙。我怎么也想不到，有一天我会跟自己的"童年偶像"，成为极好的合作伙伴。

作为深圳广电集团主持人、广东十大知名主持人的姚瑶老师，论语言表达功底、论嗓音、论风格，都是当之无愧的"电台王者"。但专业实力如此扎实的姚瑶老师，在 2021 年决定和我签约之前，已经做了快 3 年的抖音，却一个号都没有做成。就像姚瑶老师自己说的，方法不对，越努力越崩溃。

因此，当我把我的一整套自然流 IP+ 内容电商的打法，以及爆款数据库，呈现在姚瑶老师面前时，她非常震惊，对我的方法表示极度认可。仅仅谈了两个小时，我们就完成了签约。

在当时的我看来，一个“电台王者”，如果用正确的方法来做 IP，收益一定会非常可观。

我当时暗想，我要再一次亲自出手，帮姚瑶老师做成头部自然流 IP。

我帮姚瑶老师打造自然流 IP 的**第一个动作，就是重新调整定位。**定位定天下，最好的定位就是从 IP 自身优势出发。我让姚瑶老师以一个真实的主持人身份，在一个真实的主持场景里，输出优质内容，用主持人给人带来的天然信任感，去“抢”免费的流量。

第二个动作，帮姚瑶老师以主持人的身份切入育儿赛道。我当时认定，用主持人身份做育儿，可以降维打击其他做育儿内容的 IP。在我看来，所有不能降维打击的事情，失败指数都很高。

第三个动作，为姚瑶老师匹配足够优质的文稿和足够强大的数据库。虽然我们的团队只有 4 个人，但为姚瑶老师设计的场景、文稿等，都是按自然流 IP 的最高要求来的。

第四个动作，走内容电商变现模式，卖给宝妈们其需要的一切好物。先是短视频带货，再做直播带货。

不得不说，姚瑶老师本就具备超强的学习力和爆款逻辑。于是，我们很快大获成功：第三天视频播放量破千万、3 个月涨粉

50万、综合变现小百万。

一年后，“姚瑶”IP全平台粉丝500多万，两年后，粉丝破千万；至今每月都能靠内容电商变现200万～300万元。

从那时起，我开始真正确信，“自然流IP+内容电商变现”是可以复制的。

只要一边努力去抓平台最前沿的东西，一边萃取经验，不断迭代、精进方法论，就能不断复制成功案例，跑马圈地，扩大基本盘。

10个月后，随着更多自然流IP的复制，九尾传媒的账号总粉丝量突破一亿，从抖音延展至快手，变现从8位数突破至9位数，成为主持人赛道的流量王者。

在这个过程中，我不仅积累了一套宝贵的**IP自然流变现实战方法论**，还摸透了如何搭建和管理一支有战斗力的**IP自然流+内容电商转化团队**，理解了打造一支做到垂类赛道第一的流量变现团队的底层逻辑。

做出一个月销千万的IP，也许是运气，但只要彻底吃透一套打法，然后坚持孵化，基数足够大，做起来一些月销几十万、几百万的IP，反而是确定性很强的事了。

所以，当九尾传媒开始从主持人赛道，往其他赛道，如**讲师、医生、律师、财税、育儿**等赛道平移和复制时，效果同样出乎意料的好。

团队的力量轮番上阵，这下，**我们彻底爆发了！**截至2024年1月，我们的总粉丝量达到**3.1亿，**电商带货累计**变现超2亿元。**

期间很多 MCN 同行遭到行业洗牌，一个个都垮掉了。

而我们，打通了多个赛道，构建了稳健的商业闭环，盘活了电商圈子的上下游供应链，还跨界知识付费圈子、商业 IP 孵化圈子……

我们的全职操盘手运营团队，也从 10 人扩大到 100 多人。

当然，很多人看得见的是我们的单个 IP 单月后台破亿的流量、单号 200 万级的变现，看不到的是——

背后团队的组织架构、岗位设计、奖金绩效、团队培训、技术系统和数据体系的搭建、内容和转化团队的 AB 赛马、精细到几乎无人企及的 SOP（标准作业程序）……

当时我每天带领团队，从早上 9 点工作到凌晨两三点，困了就直接睡在办公室的折叠床上，将团队的整体战斗力、工作氛围、流量能力、转化能力，以及不断精进、迭代的能力，全面拉满。

说真的，这两年，我和我的团队都是这么过来的，表面风光，实则疲于奔命……

在这里，也深深感谢九尾传媒所有的伙伴们，是你们在无数个深夜，和我一起用认真和拼搏，点亮了深圳这座野心勃勃的城市。

很多人问我，我是如何做到仅靠纯自然流 IP 的打法，从单点成功到全面开花的？

我想说，**真正的高手看上去都很固执，就是把已经成功过的事情重复做，做到极致。**

这两年，我从来不去搞五花八门的流量玩法，就是专注于“自然流 IP+ 内容电商变现”这一套打法。

我们用这套方法，基本能做到**可以随时把我们选定的某个账号类型做起来**。

我知道，有人会质疑：现在早就是付费流量的时代，不花钱做自然流 IP，做梦吧！

的确，抖音早就不是所有人的流量红利区了，大部分赛道也严重内卷，但那些有洞察、有沉淀、有思维、懂方法的玩家，永远都能吃到流量变现的红利。

后来者千万不要盲目试错，掉入“信息茧房”，沦为“炮灰”，**而是跟对“过来人”，拿到可靠、有用的模式和方法论，正确“抄作业”，然后认真执行，坚持到底。**

最近，我又忙里偷闲地操盘自己的 IP，第三个月，我的 IP 矩阵号“金刚创业思维”和“金刚 IP 变现孵化”，已经**从“0”做到了全网百万粉丝，同样没花一分钱。**

很多朋友对我表示佩服，请教我如何迅速转换身份，将百万自然流量手到擒来。

方法很简单，我只不过是把以前帮别的 IP 走过的路，又在抖音、快手、视频号上走了一遍。你看，又是新的机遇。

再比如，最近小半年里，九尾传媒刚孵化的自然流 IP 金海老师，也是用 3 个月左右就完成了百万粉丝、百万变现的小目标。

类似的案例还有很多，我都在我的核心创业圈子里偷偷分享，

毕竟只有深度连接，才能发现新的商业世界、新的流量玩法和变现捷径。

相信你一定发现了，我其实一直在强调——**“圈子”和“方法论”。**

为什么？

第一，任何赚钱的行业都存在信息差，往往认知上差一步，结果就差万步。而高质量的信息，一定只在私密的小圈子内部流动。

如今回头看，我确实是幸运的，如果当时不是逢“圈内高人”指点和一路的抱团学习，我肯定也得多走几年弯路。

第二，关于方法论，我打个比方，没有方法论，你做 IP、做流量，就是小作坊；有了方法论，你就升级成了流水线工厂，流量和变现可以增长 3～10 倍。这，就是差距。

如果给我一个机会，让我手把手按照这套方法论，沉浸式地训练你的团队 3 天，直到你的团队把每个自然流 IP 操盘的环节和细节，做到我要求的标准。那么**你也能在 3 个月内，把一个 IP 项目彻底打爆，并通过内容电商卖爆！**

如果你也想掌握一套做 IP 自然流涨粉 + 变现的最靠谱、高效的方法论，随时起号，并快速起量，**那么欢迎你关注我，与我交流。**

大部分人，在实际行动中，都会误入以下三个大坑。

第一个大坑：有恐惧心理。很多失败，归根到底都是思想上的失败，一点都不敢尝试，先给自己贴上了“我不行”的标签。

这种人，别说做 IP 了，什么都做不好。

第二个大坑：不够专注、不够坚持。我见过不下 100 个老板和操盘手，想法总是太多。其中 90% 的人，大多时间都是在不同的玩法间反复横跳，从未集中全力，在一个玩法上专注、深耕超过一个月……

如果你入场了，迟迟没有拿到成果，不妨问问自己：我每天花多少时间和精力在当前项目的单一打法上？我彻底吃透这个打法了吗？还是说连一套打法都没有吃透，就已经在想着博采众长，还天天关注项目之外的信息？

第三个大坑：搞错认知、用错方法论——这是最惨的。

我看过很多让人郁闷的项目，IP 连最基本的商业模式、竞争策略、差异化定位、账号内容策略、对标粉丝等都弄不明白。真的是到处都是问题。一追问，他们要么一问三不知，要么自己瞎琢磨，要么就是碎片化地去拼凑。

对任何一个新的生态或新的模式，第一步，永远是正确学习：彻底搞懂该模式的方法论和底层逻辑，结识一些靠谱的圈子和过来人，多听、多问、多研究。

任何事情的操作难度，在系统、正确的方法论和过来人的认真点拨面前，都会大大降低。

以上是很多想做自然流 IP 变现的 IP、老板和操盘手，会遇到的主要卡点。

究其根本，就是闭门造车，结果浪费了光阴，蹉跎了岁月。

不在真正的高手的圈子里，你永远无法掌握第一手核心信息。而低价值且同质化的信息，只会导致你被迫用战术上的勤奋，来掩盖战略上的懒惰。

结果，兴奋入场，黯然离场。对此，作为过来人，我分享一条诚恳的建议：

2024 年及以后，做 IP 流量变现，单打独斗注定很难成功，只有向上跟随、借势、与强者抱团、遇贵人、结盟友，才能有极大概率提高成功率和确定性。

毕竟，任何一个行业，走在最前端的前辈就是最好的老师，他们的高度，往往就是我们的认知顶点。你可以找前辈直接“抄作业”，也可以加入前辈的项目，互助共创拿成果。

我之前做了 20 年的电商工作，深知电商人最懂抱团成长、互相借力、彼此成为贵人和盟友的关键作用。

可放眼整个自然流 IP+ 内容电商变现领域，居然没有一个能提供高质量交流、全面落地赋能的圈子和社群。

既然之前没有人去做，那就由我来做这只领头羊吧。

江湖格掌门和肖厂长都是我很好的朋友，也是最早发现我内心翻腾着火焰的两个人，更是“金刚流量联盟”的联合发起人。

江湖格掌门是专门做 IP 操盘手孵化的权威人士，做了 8 年操盘手，更有通过视频号 7 天变现 2000 万元的经典成功案例。

肖厂长专注私域发售 9 年，私域粉丝累计 3000 万，年变现最高 6 个亿。

当他们强烈建议我，一起发起一个**“系统实战技能培训＋顶级人脉圈层＋项目实操陪跑共同创富”**的高能圈子时，我们一拍即合。

一个手握3.1亿粉丝、超2000亿流量的顶流操盘手＋一个培训过4500多个操盘手的操盘手培训大神＋一个拥有3000万粉丝的私域大咖，相当于是**“聚焦自然流IP+内容电商变现的高端人脉圈层＋实战赋能平台”。**这样的**“王炸组合”**，共同为你领航，你期待吗?

接下来，就请迎接我们为你准备的这个“王炸组合”——**金刚流量联盟。**

金刚流量联盟如何帮你实现弯道超车呢?

两大核心要素：

1. 系统学习金刚的“自然流IP+内容电商”全套打法。先有“抄能力”，再有“钞能力”。

2. 持续成长与实战。尤其是实战，我们希望能找到有着更大的机会和空间的赛道，找到更多有潜力的操盘手，然后和各位朋友共同进步，带着你一起实战。

我是金刚，期待帮500个IP、操盘手、老板找对方向，打透玩法，破局出圈!

帮人是因，**赚钱**是果。

在果上纠缠是没用的，

你得在**因上**下功夫。

如何用小流量实现大变现

一条鱼

- 亿万操盘手平台导师
- 木婉清集团前执行总裁
- 朋友圈一年成交 2000 万元

嘿！朋友，你好呀，我的名字叫：**嘿！一条鱼。**

是不是觉得这个名字不够“大牌”，像是在闹着玩？可是，你知道吗？“一条鱼”真的小有名气呢！在操盘手的圈子里，只要有人提起“一条鱼”，就会收获一片赞叹：哦，我知道，我知道，就是那个又高又瘦又美又超级厉害的鱼鱼！

非常开心能得到这样的夸奖，感谢大家的盛赞和厚爱。

当你看到这篇文章的开头时，你有什么感受呢？是不是嘴唇微张，嘴角上扬，觉得这个作者好像有点不一样，好像有一种温暖的感觉在你我之间流淌。嗯，你的感受没有错，“一条鱼”真的是一个**极温暖**的人。

一开始，我很想先问候你一声：亲爱的，2023 年，你还好吗？2024 年，你有没有好的展望？我这么问的原因是，我身边的好多朋友这几年过得都不太好，曾经开朗的少年开始发际线后移，曾经浪漫的少女变得忧心焦虑。我们在财富上的差距变得越来越大，但好在心的距离并未因此而疏远半分。我依旧希望，大家能在逆境中求生存、求发展，选择正确的道路，坚持下去，就一定可以突出重围，获得新生。

为什么这么说呢？因为我就是这么做的，我也曾经历人生的至暗时刻，但在那个伸手不见五指的“暗黑空间”里，我选择了在私域精耕细作，这一坚持就是 8 年。说来也并不是多么了不起的事情，这 8 年来我不过就是专注地工作，但我也从心底里佩服我自己，因为在这 8 年里，我做了很多值得骄傲的事情：

- 2015 年 4 月 23 日，我注册了“嘿！一条鱼”这个微信账号，从只有 8 个微信好友开始，在朋友圈里卖童装，开启了微商生涯。
- 2015 年到 2017 年，两年时间，我靠在朋友圈里卖童装，赚到了人生中的第一个 50 万元。
- 2018 年 7 月，我在盛夏时节帮工厂清仓羽绒马甲，一个月卖了 3000 多件，当时我的微信总好友数量不过 5000 人。
- 2019 年 6 月，我带领 11 个人的小团队，用 5 天时间做出了百万元业绩，荣升某护肤品品牌的联合创始人。
- 2019 年下半年，我加入木婉清集团，用一年时间做了 2000 万元的业绩，成为集团的执行总裁。
- 2021 年，我创立的“美人鱼”团队正式破千人，并创立了互联网首个“创业无忧”体系。
- 2022 年年初，我成为抖音千万粉丝主播毛毛姐的贴身助理，全面参与毛毛姐公私域全链路搭建和跑通的工作，并在毛毛姐的带领下，成为一名顶级私域操盘手。
- 2023 年，我独立操盘了 22 个私域盘，其中包含健身行业、食品行业、大健康行业、医药行业、教培行业、美容业，并成为虞美人集团的签约操盘手。
- 2023 年 12 月，我正式加入以人为本科技有限公司，签约成为格掌门商业体系的培训主导师。

你看，我的事业路径，是不是从没有换过战场？我的战场只有私域，**而我的所有成就都起始于我的这一个“嘿！一条鱼”的**

微信账号。对，你没有看错，我的那些百万、千万元的业绩，都来自有且只有这一个微信账号——“嘿！一条鱼”。

你肯定感到疑惑，我是怎么做到在微商盛行的现在，在朋友圈都是广告的今天，从小流量实现大变现的呢？

这里，我不得不提到两套我独创的心法：**私域精细化运营体系，朋友圈自动成交体系。**

相信我，只要你学会了这两套心法，你根本不需要一天到晚为流量发愁，因为你朋友圈里的好友们一定会忍不住买你的产品。

只要你学会了这两套心法，你根本不需要起早贪黑地带着焦虑去忙碌，你会享受到早上一睁眼钱包就有进账的喜悦，因为有顾客自动下单了！

只要你学会了这两套心法，你就再也不会感觉孤独，因为你的朋友圈里全是善良温暖的好友，他们不仅仅会在事业上支持你，还会给你无限的情绪价值。你的私域会充满爱，客户会积极主动地下单。

相信我，**赚钱是工具，快乐才是目的。**这样的私域营销，无疑是快乐的，赚钱只是顺带的。

到这里，你一定会问：一条鱼，你说得这么轻松，那到底是怎么做到的呢？

确实，即便我说得很轻松，但要想拿到这样好的结果，其过程离不开四个字：**精耕细作。**私域运营绝非是一件可以快速拿到成果的事情，它需要你的**沉淀、积累**，还有极致的**无我利他**。你只有先无条件地为爱“发电”，极致利他，才能收获源源不断的热爱和信任。

这听起来可真像“鸡汤”，但，请你“干”了它。

接下来，我会一一为你解答你最关心的问题。

没有流量可以做私域吗

可以，哪怕你只有一百个好友，你也可以开始做私域。我的微信号就是从只有 8 个微信好友开始做起来的，还有，我团队里的很多小伙伴的微信账号一开始也就只有两三百个好友。**小流量也可以大变现，**千万不要拘泥于流量数字。

私域里的好友质量要比数量重要得多，我甚至见过拥有沉淀几万人的私域但是零变现的老板。这种不能变现的私域，有再多的好友也没有用处。

私域运营的最大魅力在于它的无限复购和转介绍裂变。只要你做好了原始客户的精细化运营，并且持续深耕，那么你不会缺流量的。

很多人深受流量的困扰，所以很多老板不得已从幕后走到台前开始拍短视频，甚至拍起了扮丑搞怪的段子，但是这些辛苦吸引来的流量可以变现吗？承接流量的私域盘稳固吗？销售话术合适吗？朋友圈里有能留下新用户的有价值的内容吗？如果没有，那么再多的流量又有什么用呢？**私域是基础，把流量变成“留量”，才能创造无限价值。**

私域运营最重要的是什么

这里我想先给你讲一个稻盛和夫的故事。

稻盛和夫小时候是一个很自私的人，那时候他家里的条件很不好。后来，他的叔叔和伯伯都得了肺结核，他的爸爸和哥哥一直在帮忙照顾，但是稻盛和夫怕自己被感染，不但不帮忙还捂着鼻子躲得远远的。

结果非常离奇的是，他的爸爸和哥哥一直安然无恙，但稻盛和夫却病了。这件事在稻盛和夫的心里种下了一颗种子。

长大后，当稻盛和夫刚刚踏入职场时，他总是耍小聪明，别人都很卖力地工作，只有他总是偷奸耍滑。最后可想而知，别人的业绩都很好，只有他没有业绩。这件事给他再次种下了一颗种子。

后来，他开始创业，看到别人对待客户很好，把客户当家人一样，他却一心想着如何快速赚取客户的钱，觉得钱只有进了自己的口袋心里才踏实。到最后，他创业失败了，这是他心里种下的第三颗种子。

这三颗种子，让他陷入了沉思：这世间是不是有一股力量在推动世界往前运行？他不知道这股力量是什么，可能叫“宇宙力”。如果能顺着这股力去做事，那便犹如天助，整个世界都会帮你；但如果逆着这股力去做事，那肯定是螳臂当车。

后来，他把这个“宇宙的规律”总结成了四个字：**无我利他。**他一直践行这四个字，这也让他从一个穷小子变成了建立了两家世界五百强企业的企业家。

我为什么要讲这个故事？其实就是想告诉你，**无我利他就是“合道”，是做一切生意能够获得成功的底层逻辑。**你做任何事情，只问自己能拿到什么好处，这是鼠目寸光、自私自利。**所谓赚钱，就是你在帮别人解决问题后，顺便获取回流的能量，**仅此而已。

所以你若想通过私域赚到钱，首先**就要在私域里为他人提供价值**，你一定要成为一个非常有价值的人，你的价值越大，你给出去的东西越多，这个世界回流给你的善意和财富也会越多。

看到这里，你知道该怎么做了吗？不要再狂发广告，不要再群发消息，不要再随意地消耗你的人脉和资源。先极致利他，在朋友圈里输出你的价值观和方法论，在私聊过程中给别人真诚的建议和解决问题的方法，在公众号和视频号里给大家提供有价值的信息和资料。**帮人是因，赚钱是果。**在果上纠缠是没有用的，你得在因上下功夫。

私域操盘成功的秘诀是什么

无论你是操盘 IP 还是操盘实体企业。请你首先摆正自己的位置，你是一个私域操盘手，无论你多么厉害，曾经创造了多么辉煌的业绩，你都应该只是一个**“幕后”人员**。

作为操盘手，你得站在 IP 身后，让 IP 能放心地把他的后背交给你，任何时候，你的任何动作都是为了成就 IP、托举 IP。不要三心二意，不要居功自傲。安安心心地站在“阴影”里，让 IP 在台上大放异彩就好。

IP 越出彩、越成功，你就应该越不被看见，只有这样，IP 才能更心无旁骛地闪耀于舞台之上，才能创造更大的价值。

另外，请你做一个**长期主义者**。IP 的生命周期和操盘手的能力息息相关，这里的能力不仅仅是指业务能力，还有随时随地给 IP 打气，为 IP 提供情绪价值的能力。你和 IP 之间，是互相成就的关系，一个人的成长一定不是一条直线，而是一条波浪线，在高峰处给予掌声，在低谷处伸出援手，善良且持久，那么你收获的将不仅仅是金钱，还有越来越多的人给予你的尊重。

今年，我被很多人问过一个问题：“你的愿景是什么？”

我真的有一个很美好的愿景，这个愿景来源于我的出身。我的父亲是一位企业家，在他的言传身教之下，我一直都坚信，只有实业才能兴国。但是，这些年，我在跟很多身处困境的老板们进行探讨的时候，能深切地感受到他们的焦虑。这些有好的产品、好的发心，有使命感的老板们，都深受流量、现金、团队这“三座大山”的压力，他们根本不知道怎么做，尝试了各种办法都收效甚微。

因此，我心里的使命感也越来越强烈，我要用我这些年所学的知识、实践中所得的经验，去赋能这些企业，去帮助更多的企业走出困境，重回巅峰！

最后，我想把我成事的六字箴言送给你：**慢慢走，不要停。**

对，慢慢走，最重要的是，**不要停！**

顶级操盘手，不光是自己能力全面，更重要的是能**借助团队成员**的**力量**来解决问题。

顶级操盘手内核修炼指南

毛玉博

- 私域低转高商业操盘手
- 亿万操盘手平台导师
- 知识 IP 私域变现操盘手

你好，我叫毛玉博，是一名**私域低转高操盘手**——从一开始的团队只有 3 个人，一年只能操盘变现 100 万元，到现在能操盘单月变现 5000 万元的大盘，团队也增长到 280 个人。成长的路上，我练就了一身武艺，但是在这本书里，我不想分享这些具体的经验和能力，因为任何单一技巧、单一能力都不能真正地让你发生质的改变，我更想跟你分享支撑我走到现在的精神内核是什么，先对你进行心理上的武装。

创业初期，团队成员的能力和水平都很接近，但 8 年时间下来，每个人的发展路径却大相径庭。包括在现在的团队中，也有一些小伙伴比我年长，工作时间也比我更久，但是走到现在他们却遇到了很大的职业瓶颈。

他们时常问我：毛老师，未来我该怎么走？怎么办？其中很多问题，我一时半会儿根本没法回答。**因为现在的结果并不是当下所决定的，而是之前一系列连续决定的结果。**

如果说过去的决定已经发生了，无法改变，那从现在起，每一个决定，都会影响到我们的未来。我无法告诉你该怎样去做每一个决定，**但我可以告诉你，成长为一名顶级操盘手背后的思维方式和基本素养。**我相信这些能帮你更好地去做决定。

我把顶级操盘手的能力大体分为两类：**冰山上面——闭环能力、管理能力；冰山下面——延迟满足、极致“死磕”、超强心力。**

闭环能力

无论是对企业抑或是对 IP，不管是帮他们跑通“0”到“1”，还是放大变现，操盘手这个角色，要做的最重要的一件事就是：**完成商业变现的闭环。**完成这个闭环的最大的难点，就在于要求你的**能力模型要比较全面。**只要有一个短板，影响小一点是营收受限，严重的则会让整个业务栽一个大跟头。

最基本的商业模型是：把一个产品卖给对它有需要的人。这就涉及三个核心角色——**用户、产品、交易，**对应的能力就是**流量、产品、销售能力。**所以优秀的操盘手，这三个能力都要很强。

讲到这里，你肯定会说，把一项能力练到顶级就已经很难了，还要把三项能力都练得很强，这不是痴心妄想吗？但是我想说的是，完全有可能做到。

方法就是：**一段时间聚焦锻炼一项能力，**快速掌握一项能力最根本的认知，学会最核心的技能，并且去落地实践一遍，将其中每一个环节的细节都理清楚，做到自己能力的极限。

试想一下，如果你用一年时间专门钻研成交，把市面上关于成交最好的几本书看完，把顶级的几门课都听完，找到你所能接触到的这个领域里最权威的人向他当面请教。做完这一整套动作，你的成交能力怎么可能不优秀呢？而一两年时间足够你做完这些动作。

到这时，会有一个职业选择的分水岭：

如果你极度热爱这件事，那么接下来的 8～10 年，你就专注钻研这一件事，做到你所处的领域的前5%，这样你就有机会吃到这个行业最大的那块蛋糕。这样的人，也更适合做专家型IP。

对于操盘手类型的人，到这个阶段后则会选择去锻炼另外一项能力。之前练就的那一项能力的水平，对于理解业务、把握业务核心、诊断业务问题已经足够了。

回顾我的职业生涯，我一开始**靠运营起家**，通过写营销文案，在公众号上进行宣传，半年时间积累了8万人的私域，然后再通过精细化的运营，让8万用户到不同的平台撬动新的公域流量，让流量在公私域之间流动起来。这种模式跑了半年后，很多竞争对手公司的创始人或者运营负责人来到我们公司，要跟我们进行流量方面的合作，请教我们是怎么做到的。

但我们公司当时的真实情况是，论营收规模，单月只有20万元，而对方公司的单月营收已经过百万了。如果公司继续只琢磨流量，接下来流量红利下滑，对方也学会了我们的打法，这意味着公司的营收肯定要下滑。所以我果断把运营和流量动作交给了团队，一心扑到产品上，用了半年时间，推出了客单价为3999元的爆款产品。这款产品推出之后的一个月里，在大流量的加持下，公司单月营收额突破了100万元。

试想当时，如果我继续做流量方面的工作，我撬动流量的能力还是会持续提升，但是对公司来讲，可能就要面临业绩下滑的危险。作为公司的联合创始人和COO（首席运营官），我要做的最重要的一件事就是**持续做大公司营收，以变现为目标，**所以搞定**产品方面**的工作也是要务。

后来我们陆陆续续推出了几千到上万元客单价的产品，我发现靠纯运营手段，产品销量已经难以提升了。于是我又果断把产品工作交给了团队，去到一家**销售能力**很强的公司，学习如何打造一支“销售铁军”。通过一年半时间的学习，我学有所成并把这套方法成功复制到了我的团队身上，使公司的单月营收额成功突破 300 万元。

得益于我在这家公司的业务体量，一年时间内，我从事业群的高级总监，升职为主管销售的副总裁，团队单月业绩达到 1.2 亿元，所操盘的单 IP 单月成交 5000 多万元。

这样的经历不光补足了我销售方面的短板，更重要的是让我开了眼界。当你目睹了这种体量的业务之后，再回过头去看自己公司的业务，马上就能看出来当前业务的“天花板”在哪里，全业务链路团队的短板在哪里。

至此，在完成商业闭环的三种关键能力上，我都有了扎实的实操经验，这也让我在操盘新业务时非常清楚地知道，如何把一个业务从“0”到“1”地做起来——什么时候做什么、具体怎么做，这些都有明确的路径。

现在，我在帮客户进行业务诊断时，能在短时间内把对方的营收翻很多倍。甚至每个环节具体的提升空间有多大，在最后实际跑下来之后，大家发现结果跟我预测的几乎一致。

单一能力型的操盘手，只能解决自己能力范围内的问题。比如针对业务转化率低的问题，如果是销售型的领导者，他只会在销售技巧上下功夫，结果费了很大的劲儿，提升也非常有限，因为问题的核心往往是产品力不足。所以，闭环能力对于一个 IP 操盘手来说十分重要。

团队管理

顶级操盘手，不仅要能力全面，而且要善于借助团队成员的力量来解决问题，所以**管理能力**也是操盘手的基础能力。

对于专家型的人才来说，他可以几十年如一日地只做好一件事，可以只与事打交道。但操盘手不行，操盘手要完成整个业务模式的闭环，就要借助团队力量，就少不了与人打交道。只要与人相关，管理能力就少不了。

对于操盘手，**闭环能力是锻炼你对事的敏感度，而管理能力考验的则是你对人的敏感度。**有不少操盘手都带过团队，有些甚至还管理过不少人，说起管理，感觉驾轻就熟，谁不会呢?

对，如果只是简单地讨论，那么使命、愿景、价值观、组织、人才、KP（关键人）这些都是大家听得耳朵出茧的东西，这不是我在这里要分享的，我想分享的是你没听过的管理知识。

情绪把控力

很多时候，我跟团队小伙伴们谈话也好，开会也好，抑或者是团建时，我都会很注意一个细节——我说每句话时，对方面部表情的细微动作。要知道，你是团队的领导者，你在表达任何观点时，对方大多时候都是一个被动接收信息的角色，无论是否认同，都不会告诉你他完整的内心独白，但如果你不了解清楚，就无法判断对方是否真心愿意去落地实践。而很多事情的问题往往就出在——事是对的，但是做事的人不认可，所以落实的结果就不尽人意。

所以只要是我讲话的场合，我在说话的同时，都会观察每个人的面部表情。一个人对你说的话是认同还是否定，从这些小细节上你就能有大致的判断。

假如他是认同的，你就顺势点一把火，把他的这种情绪完全调动起来；假如他持否定态度，你就要马上调整自己接下来要说的话。语言可以造假，但是微表情不会骗人，况且大部分人也做不到很好地去隐藏自己的内心独白。

很多管理者只顾自我视角，注意不到这个细节，对方已经表现出极度不认同、不耐烦的情绪，他还一直喋喋不休。这种情况下，其实不管你后面说了些什么，对方都听不进去了。

所以我给自己定了一个要求，就是每次说话的成效都要以对方的接收度为衡量标准，不以自己讲了多少来判定。

当然，这种能力的锻炼，一方面是天生的，另一方面是后天刻意训练得来，于我而言，更多的是先天铸就。

我从小生活在一个充满矛盾的家庭中，爷爷奶奶以及父母之间、婆媳之间，全部都有矛盾。所以很小的时候，我就学会了察言观色，学会去看大人的脸色，觉察大人的情绪，因为只有这样，我才能更好地保护自己。

当然，我不希望我的读者们是在这样的环境下长大的。那除此以外，我们要怎样锻炼这种情绪把控力呢？这就需要你在每次说话的时候，刻意去观察，不断地在做事后去确认。一段时间之后，你也就能具备这种能力了。

视人为人

视人为人这件事说起来简单，但是真要做起来非常难。很多管理者天生自带**甲方思维**——你是我的下属，我给你发工资，你就应该听我的。

一旦你这样想，那就大错特错了。

“90后”刚入职场时，人们说“90后”难以管理；“00后”开始成为职场新生力量时，人们又说“00后”是来整顿职场的。实际上，不是这些年轻人越来越难以管理了，而是我们要换一个视角去思考管理这件事。

对于管理，我时常在思考一个问题：我的员工到底需要什么？**你只有满足了他们想要的，他们才会回馈给你你所期待的。**

“70后”“80后”的生存压力比较大，所以为其解决生存问题就能解决大部分的管理问题，也就是说谈钱是最有效的，到了“90后”“00后”，他们大部分人的生存压力变小，所以驱动他们去行动的首先是被尊重、被认可的感觉，只有获得了尊重，他们才会为了自己认可的事而付出努力。

所以，当一个领导者把下属当成一个活生生的人，而不是一件只会去执行的工具，那么一大半管理问题就解决了。

极致利他

要想收团队成员的心，一定绕不开三件事：**有盼头，做的事有意义，能赚到钱。**所以我在带团队的时候，花时间最多的一件事，就是**培养他们**。可能很多人会说，在工作中，人是被筛选的，不是被培养的，我也很认可。但我要告诉你的是，培养员工这件事的意义绝不仅仅在于让他们学会东西，更在于让他们感受到你对他们的重视，愿意为他们的成长着想，这样会极大程度地改变他们的工作态度。

一个员工的工作态度一旦发生了改变，那么即便你什么都不说，他也会推动结果朝着好的方向发展。

好的态度，带来好的结果，好的结果反映在收入上，会促成一个更好的态度，这样整个团队就会进入一个正向循环当中。大家能看到这件事背后的价值了吗？

这个时候，作为团队的领导者，你还能赋予他们做这项工作的意义，给他们巨大的正向反馈，这样一来，团队的小伙伴们一定会积极地回应你。

鉴于篇幅限制，“冰山上面”的内容我就分享到这里，“冰山下面”的内容，欢迎你扫我的二维码，我再单独发给你。

最后，希望我的讲解，能带给你收获和正向的改变。

流量的本质就是人，**私域的**本质是去**连接人**、**吸引人**，让人去**服务人**。

如何拥有源源不断的私域流量

李菁

- 女性个人品牌商业顾问
- 菁凌研习社创始人
- 畅销书作家，代表作《让热爱的一切梦想成真》

2016 年 6 月，我辞去了高校教师的工作，转型到线上知识付费行业，做自己的手机摄影训练营，短短 3 天时间就招募了 100 名学员。

从那年开始，我一直深耕知识付费领域，到如今已经有 7 年了。

如今，我在微信生态圈中创建了**“菁凌研习社”**这个知识服务平台，为素人提供从“0”到“1”打造可变现的个人品牌的一系列知识产品服务，包括：网课、训练营、会员、高端会员、咨询顾问……

对知识产品服务的收费，本质上是知识 IP 的商业化操作。

我从个人 IP 发展为平台 IP，从一个人授课到邀请多位大咖在我们的平台上一起授课，从一个人活成一支队伍，到创办公司、搭建团队，一起把这份事业做大。

2020 年，我的年营收就突破了百万元；2021 年，年营收倍增。为什么我这几年的赚钱速度加快了？有两个原因，**其一是我升级了自己的定位，**从手机摄影美学导师升级成了个人品牌商业顾问，当我能帮助学员赚到更多钱的时候，我的收入自然也就提升了。**其二是我的私域流量池越来越大，**从之前的 1 万微信好友增加到了现在的 8 万微信好友，学员自然也更多，我的财富也就得到了增长。可见，升级自己的商业模式与涨粉对一个创业者来说真的非常重要。

如果你是个人 IP，拥有 1000 个铁杆粉丝就可以保证你一辈子衣食无忧。**流量的本质就是人，私域的本质是去连接人、吸引人，**

让人去服务人。

虽然我生活在偏远的湘西小镇，但是我依然可以在互联网上通过打造个人品牌实现知识变现。从打造个人 IP 到公司商业化运营，我仅仅通过深耕微信朋友圈这一个平台，就过上了富足的生活。

很多人问我，为什么要搭建自己的私域流量池？

个人微信号就好比一家线下的店铺，多一个微信号就是多开了一家门店，而且是低成本的门店。**用心经营的个人微信号价值百万。**

接下来，我就为你揭秘私域涨粉的方法，这些方法都源于我的实战经验，每个方法你都能用。

一、在自媒体上持续输出优质内容

现在，互联网上有非常多能够让你展示自己的平台，这些平台便是你自己在经营的自媒体，如公众号、视频号、抖音、小红书等。

每个人都要先确定自己花费比较多的时间去经营的自媒体平台是哪一个，它可能是你的朋友圈、公众号、抖音。你要先选择一个最重要的平台，然后把其他平台的流量全部引到这个最主要的平台上。

为什么要这么做呢？因为你的精力有限，难以顾及所有平台，而且你只需要把选择的自媒体平台经营好，它就可以为你“背书”。

比如，我把所有粉丝都积累在微信朋友圈里，做长期沉淀。我微信上早期加进来的朋友大部分是看了我的文章后主动添加的我。

我的写作公众号在2014年1月开通，以前叫“吧啦原创文学”，现在叫“遇见李菁”，目前已经运营9年了，一天都没有停止过更新。日拱一卒，功不唐捐。现在我的公众号已经积累了6.8万粉丝。因为我是最早那批做公众号的人，当时就具备流量思维，后来就慢慢把公众号上的粉丝引到了我的个人微信上。

积累私域流量不是一蹴而就的事情，需要花时间。

二、微信朋友圈互推

2020年2月，我申请了一个微信号，用了短短不到一个月的时间就增加了4000个优质好友，我使用的方法是**互推**。

所谓互推，就是去找一些微信粉丝比较多，而且与我的个性比较相符的朋友，我在几个微信朋友圈里推她，她在几个微信朋友圈里推我。有时候我们一天最多能增加500个好友。

现在，微信互推比以前管控得更为严格，如果你的账号是一个新号，一天只能被动添加50个左右的好友。如果你现在的微信好友只有一两千人或者几百人，也没有关系，你可以去找微信粉丝和你差不多的人进行互推。别人在推荐你的过程中其实已经给你做了背书，他的朋友会基于对他的信任来添加你的微信，这时你要做的是把自己的微信朋友圈打造好，这样才能把他们留下来。

互推的效果主要由对方的粉丝数与粉丝黏性决定，如果对方的粉丝有很多，那他给你带来的微信好友就会多，如果对方的粉丝只有几百个，那加你的人也就只有几个而已。比如我的微信好友有 8 万，我在朋友圈里推荐学员，一般会有几百人去添加他。

而且，往往你在互推时提供给对方的照片越好看，提供的文案写得越好，吸引来的粉丝就会越多，因为大家都会被美的人、优秀的人吸引。

另外，你可以提前准备一个免费的音频课作为礼物送给新加你的朋友，让他们通过音频课加深对你的认知，也能够让更多人因为想得到这份礼物而想要与你产生连接。

要注意，我们去找互推的人时，不能一上来就在微信上问对方愿不愿意和你互推，这样会显得很唐突。你可以先跟对方用微信语音约聊一次，加深一下对彼此的认识和了解，在约聊的过程中委婉地提出来是否有互推的意愿，如果对方愿意你再发给他相应的文案。

三、社群分享，成为“群红”

付费加入优质社群，并且积极地展示自己，提供价值。在付费社群里，你才能找到有能力为你的产品付费的人。

我几乎每周都会去一个朋友或者老师的社群中做分享，在分享过程中为群友提供价值，就会吸引潜在粉丝。我最后会引导群友："大家可以添加我的微信，我会给大家送一门课、一份电子书。"不管是电子书，还是音频课、视频课，都需要你提前准备好。

说完这句话后，你就直接发出你的微信二维码，不要觉得不好意思，因为这时你不是在推课，而是为了让别人与你产生连接，而且你会给他们送礼物。当然，前提是你已经跟群主提前沟通过，可以发布自己的二维码，这也是对群主的尊重。

许多人都加入了一些免费和付费社群，如果应用得当，这些也是非常有力的增粉方法。我们去社群中做分享时，记得要有选择性，根据自己的需求去发言和分享，不用每个社群都花时间。去高付费社群中提供自己的价值，这样你才会连接到许多和你同频且对你的成长有帮助的人。

之前我非常不好意思告诉别人我在做什么事情，觉得好像自己做得也不是很成功。但是经过多次分享后，我意识到如果我想积累流量、推介自己，那我就要学着去破除心中这些卡点。我们要相信自己在群里发的干货和知识能够为他人提供价值，帮助到对此有需求的人。

在社群中发布内容的过程中，记得提供一些你自己的专业知识和干货内容，帮助他人解决问题。别人得到帮助后就有可能主动与你连接。所以记得多在社群里展示自己。

你要相信，**分享力就是影响力。**

四、创作优质短视频

现在的商业体系中最贵的是什么？

最贵的是流量。

那么如何获得流量？

获得流量最简单的方法就是创作优质内容。

优质内容如何展示？

拍摄短视频。

没错，拍短视频。简单、易操作又效果显著。

我是从 2020 年 4 月中旬开始做视频号的。

腾讯推出视频号时，直接设定为微信内嵌的应用，并且不断改版加大视频号的曝光机会。

视频号是平行于公众号和个人微信号的内容平台，是一个人人都可以记录生活和创作内容的平台。

我相信它将成为非常适合普通大众进行创作的短视频内容分享平台，前景广阔。

于是我先后运营了 5 个个人视频号，每个定位都有所不同。目前我聚焦运营“遇见李菁”这个视频号，已经经过黄 V 认证，拥有 3.6 万粉丝，并且持续打造了多条 10 万以上阅读量的短视频。

通过一条 100 万阅读量的短视频，我的视频号增加了 8000 多个粉丝，此外还有几千人通过视频号添加我的微信。

在这里我要强调一点，当你有了视频号之后，不要想着等别人主动来添加你的微信，而是要想着如何才能让你的视频号上的粉丝来到你的个人微信中。

我每天都会做一件事情：给视频号上的15个粉丝发私信，邀请他们添加我的微信，进入我的专属社群。

视频号后台私信留言的设定是这样的：如果你们之前还没有对话，是不能够直接发送二维码的，所以如果是还没有和你说话的粉丝，你可以先给他发一段文字，在文字里面写上你的微信号。

我把我的话术发给你们，供你们参考：

你好，很开心认识你。感谢你关注我的视频号。

如果你愿意的话，可以添加我的微信，进入我的视频号读者交流群，我会第一时间在群里分享我的直播信息和一些干货知识，相信一定会对你有所帮助。

你可以直接复制我的微信号搜索添加，如果你备注暗号“视频号”，我通过好友后会送你一份我的“成长规划课”。我的微信号是：meidejiluzhelijing。

如果你已经有我的微信了，就在视频号上私信我，我把我的“个人品牌创富课”分享给你。

通过这个动作，每天都有新的流量从视频号流入我的个人微信中。

整个微信生态圈是一个闭环，它将个人微信、朋友圈、企业微信、公众号和视频号连在了一起。

我还做了一件事情：**不定期地把之前创作的短视频发布在朋**

友圈中。不要做了一个视频发布到视频号中后，就把它沉在那里；也不要觉得如果把一个视频反复发布到朋友圈里，别人是不是会屏蔽你，说怎么总发同样的内容。实际上，很少有人会及时看到你的消息，当你多次发布一样的内容时，会不断有新用户来跟你互动，看到后给你点赞。此外，之前对这条消息感兴趣的朋友，也能够重新温习一遍。

躬身入局视频号，做好短视频赛道，未来的你，会感谢今天你所做的所有努力。

五、通过群发售实现粉丝裂变

很多人不敢做群发售，觉得那是耗时耗力的事。

其实做好一次群发售，也可以增粉无数。比如我在 2022 年 8 月份做的“创业 6 周年庆典大课”，有 4000 多人进群听课、看直播。那次活动我新增了 2000 个微信好友，直播间变现百万元。

那么要如何做好群发售呢？要激发老用户与你一起打这场大仗。凝聚一群人的力量，才能做成一件大事，所以我们要花时间去抢占老用户的注意力。

我做了哪些关键动作呢？

在合伙人组成的群中招募共建者，共建者分为**铁军战队和运营战队**。

这一点非常重要，因为一个超级用户给你带来的产品裂变，往往超过 100 个普通用户。

我们团队招募了 100 名合伙人共建者，其中 50 名加入铁军战队，50 名成为我们这次 6 周年活动的运营官。

铁军战队的主要任务就是每天至少在朋友圈中宣发一次我们的资料，即我们准备好的文案。他们会在朋友圈中发布我们的短视频、公众号文章，还有活动海报，同时我们每天给他们提供文案，他们只需要复制文案，直接发布到朋友圈中即可。**让用户做的动作越简单越好，这是裂变的核心。**

我们还建立了小鹅通试听课链接，对外宣发试听课价值 5800 元，限时免费，让共建者们在朋友圈中进行宣传。他们通过发朋友圈绑定意向用户，然后再私信那些绑定在其名下的用户，把这些用户拉进群里，进行跟进。

我们每天都会公布共建者“拉人入群”数量排行榜，激发他们的斗志。同时铁军战队每天都会召开晨会，并且邀请大咖来做密训，给他们赋能。

其中一位铁军，为我们绑定了 400 多个用户听我们的试听课，一部分用户进入了活动群。

运营战队又分为氛围组和跟进组。氛围组的主要任务是每天在社群内积极互动，烘托社群氛围，引导更多学员参与到我们每天的活动中。

此外，直播过程中氛围组也会在直播间里积极地评论、点赞、刷礼物，让整个直播间显得更有人气。

跟进组的主要任务是做好学员的跟进，满足学员的学习需求，解决他们在学习过程中遇到的问题；对于有强烈意向度的学员，再进行成交转化。

一个人永远抵不过一个团队，特别是一个非常有凝聚力的团队。

要想拥有舞台就需要给别人搭建舞台，要想拥有机会就需要给别人创造机会。

在群发售中用好裂变思维，可以让你实现爆发式涨粉，这里要再次提醒大家提前注册自己的企业微信，因为企业微信可以添加更多好友，而个人微信短期内添加太多好友的话容易被封号。

可能很多人会说增粉哪有这么容易呢？是不容易，但也不会很难。只要你去做，**持续输出有价值的内容，**就会发现一切事情都可以迎刃而解。

我们要去做难而正确的事情。

不要只顾眼前利益，要向远处看。一年做几次群发售，多分享好内容，喜欢你的人自然会为你而来。

8 年的积淀，让此刻的我拥有 8 万微信好友。每一个心法，都是我的实战经验。这份独家涨粉秘籍，献给特别有缘的你。

从成为**更好的自己**，

到更好地**成为自己**。

从打工到千万级企业 IP 操盘手的成长之旅

丹娜

- 自然流 IP 孵化创始人
- 培养 IP 孵化手 1000 人，服务 IP 变现 5000 多万元
- 前百度、字节跳动分公司运营总监

从字节跳动辞职，到成为年入千万的 MCN 公司的老板。我实现了自由地活。

如果你像我一样热爱自由，相信终身成长，坚定且努力地去过自己想要的生活，那么我的经历一定能对你有所启发。

2020 年年初，我从字节跳动辞职，结束了 10 年的打工生涯。

10 年的拼命冲刺，让我身心俱疲。分公司最年轻的总监、带领百人团队、年薪百万——这些曾经带给我成就感的标签已经无法再激励我。35 岁的我脑子里只有一个问题，如果工作是为了生活，那么我究竟想要什么样的生活？

如今 3 年过去了，我不仅找到了答案，还过上了自己想要的生活，做着自己认可且真正对别人有价值的事业，时间自由，收入不错，内核稳定，和真实的自己越走越近。对此，我心怀感恩。

这段探索之旅，我用三个维度来拆解，每一个应该都能对一部分朋友有所启发和帮助。

一、从打工到千万级企业 IP 操盘手

从一个打工人成长为一个千万级企业 IP 操盘手，需要哪些成长和学习？

我们的创业项目是 **IP 孵化**，从“0”到“1”创建了自然流 IP 孵化品牌，团队做到了 10 亿流量，建成公域 IP 孵化手商学院，培养了 1000 多名各行业的 IP 孵化手，赋能了 100 多个 IP 从“0”

到"1"的蜕变，服务的IP和孵化手总计变现超过5000万元。

做IP孵化的团队有很多，但是能做成一个流派的很少，且还能创造出一个新的岗位的，我们算是第一家。现在只要是自然流学员做出来的账号，大家都能一眼看出来。从能力层面来看，核心是两个能力的成长：**找方向的能力和商业化能力。**

找方向的能力

每一个创业者的核心能力之一，就是为企业找方向的能力。当你跳出打工人的角色，跳出原来公司给你定好的框架，投身社会和市场中，你会有一种在路上的感觉，看似机会很多，实则前路迷雾漫漫，不知何去何从。这不仅是打工人向创业者转型时会碰到的问题，实际上也是一个创始人在创业过程中的每一个阶段都会碰到的问题，有些公司看似大方向已定，但是在复制、成长的过程中依旧需要无数次地对方向做出矫正、紧缩或者扩大，每一次决策可能都会影响公司的发展。

在自然流IP孵化的整个发展过程中，我们也经历过几次方向的调整。

大方向是：我们要做一个新的孵化流派，主打实操。这个方向是怎么来的呢？

真实的需求＋不对等的市场供应＋能解决真实需求的方案＝创业机会和方向

真实的需求：我从前公司辞职之后，就想自己做IP，但我不知道该怎样去做。

对我来说，写稿、对着镜头表演这两件事需要花很多时间、精力，效率却很低。

请人做的话，又需要请好几个人，而且我也不知道请的人水平如何。

自己学，我花了十多万元，买完了市面上各种短视频培训课，这些课讲的理论很清晰，但我看完后依旧不知道该怎么做。

不对等的市场供应：鉴于以上我的真实需求和对整个市场的感知，我判断有两个市场供应的机会点——**真正能带人实践出成果的实操课，能节约 IP 精力、提升效率的短视频生产方法。**

能解决真实需求的方案：我的合伙人瑶瑶本身是账号孵化手出身，在我们合伙之前，她已经做了一个百万级的账号、一个 50 万级的账号。我在第一次听完她讲剪辑后，就发现她身上有一个目前市场上很多人都不具备的优势——落地且实操性强。她的做号方法论能很好地解决 IP 做短视频的效率问题。

三个条件都满足，就是一个创业机会。

补充一下，关于第一点——**创始人真实的需求，真的非常重要。**很多人把第一点和第二点放在一起，去做市场调研和判断。但我的体会是方向和灵感来源于你真实的需求和市场供给的不匹配，而不是调研出来的，调研是在需求之后产生的行为，比如某打车软件的创始人研发这款软件的最朴实的原因，就是来自他自己打车打不到的经历。我对自然流大方向的确认也是来自我本身想要做一个 IP，但是这个需求没有被满足。这个“体感”会成为你在创业过程中非常重要的决策支撑点。

大方向定了以后，也不是一成不变的，在发展过程中，方向的调整和延展也非常重要。

2022 年 2 月到 2022 年 12 月这段时间里，刚开始，我们基本上只做财经赛道的孵化，迅速在这个领域里拿到了一定的成果且有了一定的知名度。这一年工作的重点在于做好自己的案例，验证方法的有效性。这个阶段我们每个月只开一次线下课，目标客户是想要做 IP 的人。

在这个过程中我们看到了新的需求和市场，我们有一部分不是做 IP 的学员，学完课程以后开始转型做孵化，工资收入翻了几倍，职业发展也更多样了。当这样的学员案例持续不断地反馈过来时，我们意识到专门培养孵化手是在我们能力范围内且是被验证过跑得通的路径。

于是在 2022 年年底，我们正式提出**孵化手**的概念，并且开了第一场针对孵化手的线上训练营，对孵化手的专业培训被正式纳入我们的发展方向之一。现在，我们逐步发展成为一个孵化手商学院平台，不只提供对于孵化手的技能培训，还有发展体系、商业体系、就业体系，这些都是在大方向下的延展。

商业化能力

商业化能力是一个操盘手必须具备的能力。

商业化能力 = 商业顶层设计 + 产品设计 + 交付落地

商业顶层设计：顶层设计是一个项目或者公司的终局，包含商业模式、创业初心、团队能力、对外部资源的分析。

产品设计：产品设计是非常重要的商业化能力，是将资源转化为有形商品的关键环节，包括产品体系搭建、用户需求拆解、营销点提炼包装、产品有效性评估、产品在市场中的竞争力。

交付落地：交付落地就是指交付流程设计和交付团队搭建。

我们根据商业化能力的不同，可以把操盘手分为三个等级：

IP 操盘手：商业化能力在单个 IP 层面的应用就是——**你是否能把 IP 的核心能力变现，**这需要你能抓出这个 IP 身上最强的差异化能力，找到市场的需求，设计出一款或者一个体系的产品，做好卖点提炼，做好流量运营，让流量可以充分被利用、变现和沉淀。拥有这个能力的人，我们一般称其为 IP 操盘手，目前市面上对操盘手的培训大多是基于这个层面的，比如我们培养的孵化手，实际上就是 IP 的公域操盘手，江湖格掌门培养的则更偏向于私域操盘手。

项目操盘手：商业化能力在项目层面的应用是——**你是否能把项目关键资源进行整合、复制、落地、扩大。**项目操盘手是基于项目而非 IP。项目操盘手需要具备 20% 的顶层设计能力、40% 的资源整合和细节策划能力，还有 40% 的项目执行落地能力。这个能力我认为是很难培训出来的，只有通过大量的实操和真正在项目中打拼过才会习得。我们的私域负责人小璐，承担的就是项目操盘手的角色。她会从整个战略出发，结合自然流的特点和人群属性与需求，提出产品整体设计和营销建议，然后公司给予资源和人力的支持，协助团队做好落地交付。

企业操盘手：企业操盘手的高度会上升到整个组织的维度上，基本是创始人角色，主要涉及品牌、文化、企业架构和管理的相关内容。

我也是这样一步步地成长起来的，也非常感谢我之前 10 年担任职业经理人时获得的历练，这段经历让我对组织、系统、管理、平台这些层面都有了很多的了解。我在创业过程中走完了“0”到“1”的路之后，这些之前积累的能力和经验，帮助我快速进阶，让我拥有了一个更广阔和更高远的视角。很多高管若想转型也可以考虑我的路径。

二、从努力赚钱到吸引钱

赚钱的本质是吸引，这是我这两年在赚钱这件事上最大的认知提升，这个认知改变了我很多决策的出发点，也让我赚钱越来越轻松。

什么是吸引呢？想象你自己是一块可以吸金子的磁铁，钱就是金子，你能否让金子靠近你，核心是你这块磁铁是否具有吸力。如果自身没有吸力，无论你用什么方式去接近金子，都是徒劳的，不断提升自己的吸力是磁铁最需要培养的能力。

这个社会上有很多人非常想赚钱，但是却赚不到钱，原因是他们的关注点错了。你不应该关注自己吸引了多少金子（比如工资），而应该关注你的吸力有没有变大。

什么东西可以让你的吸力变大呢？就是能为别人提供价值的能力。要想在社会上赚到钱，就要为社会上的人提供其有需求但无从获得的东西，如果社会上已经创造出了那种被需要的产品和服务，你的吸力就会变小，这就是竞争和市场。比如我们现在赚的钱，来源于两个价值：**一是我们能帮助想要做 IP 的人吸引流量，**流量可以带来影响力、变现、资源，这对于 IP 来说就是很大的价值点；**二是我们为想要成为短视频从业者的人做“IP 孵化手”能力的赋能，**这个价值真实地帮助了很多人转型且获得高薪，也为人们提供了一种新的就业可能性。我们现在赚的所有钱都基于这两个价值，在抖音激烈的市场竞争中，我们之所以还能占有一席之地，核心就是我们一直在做“让吸力变得更大”的事情，整个过程就是一个判断和取舍的过程。

当你拥有这些吸力以后，金子会自动被“吸引”到你身边，而不需要你去追逐它。

还有一个补充知识，这两年在自媒体行业里，我也更理解了什么是赚钱的杠杆。什么是杠杆呢？用乘法举例，比如你能提供的价值是 3，如果没有杠杆，你的回报就是 3，但如果有杠杆，杠杆的力量是 5，那么你的回报就是 15，这是一个非常简单的乘法。

自媒体就是目前最大的杠杆，我们现在之所以能赚到看起来比很多人更多的钱，还有一个本质的原因就是，我们处在这个杠杆行业中。

三、从成为更好的自己到更好地成为自己

创业是一件非常需要心力的事，前段时间有个朋友跟我说，你真的是我见过的创业者中为数不多的状态很好的人，大多数创业者都很焦虑。**创业的焦虑有些时候和能不能赚钱其实没有太大的关系。**内心的状态决定了外在的呈现，当你非常清晰地知道你走在自己的道路上时，走路这件事本身就已经让人很快乐了，而并非要到达终点才能快乐。

我很庆幸自己在离职、创业之后经历了一段停下来的时间。当我发现自己做什么都没劲，但又焦急慌张的时候，我没有选择去做更多的事，而是选择停下来看看自己真正想要什么。那段时光大概有小半年，我随心所欲地学了很多自己之前不会去学的课程，不会去做的体验，也开始向内探索，去看看那个拼搏了 10 年都没有休息，现在在闹脾气的小女孩。我感谢我给了“她”想做什么就做什么的自由，半年之后，“她”回到斗志满满的状态，而我对自己也越来越了解，更知行合一，更自由。

原来我一直追求成为更好的自己，现在我发现没有更好的自己，只有更好地成为自己。真实地做自己，这件事真的很有吸引力。

写到这里，依然有太多未尽的部分未能与你分享，欢迎想要创造自由人生或者想要学习 IP 孵化的朋友，扫码“围观”我的朋友圈！

IP 操盘手就是商业魔术手，

可以做**从无到有**的创造。

从全职妈妈到千万级发售操盘手的成长之路

少雄辰妈

- 家庭教育 IP 操盘手
- 千万级发售操盘手
- 好奇说领读者导师

我叫陈少雄，是两个孩子的妈妈，从一位完全没有家庭教育行业基础的妈妈，到现在成为千万级家庭教育赛道的发售操盘手，我服务妈妈群体已有 6 年，服务过的家庭也超过 3 万个。

2017 年 12 月，我的小女儿出生。2018 年 4 月，我被迫回归家庭做全职妈妈。可当时的我根本没有当全职妈妈的条件，因为我与我先生的家庭条件都很普通，我也不希望把家中所有的经济压力都压到先生肩上。所以回归家庭后，我还是心心念念着如何创业，找到一份在家照顾孩子的同时还能赚到钱的事业。

当年我处在找项目、找出口、要赚钱的状态中，痛苦、迷茫、焦虑、恐惧。那年我 34 岁，我突然意识到，有一定的营销、运营、管理经验的我都会这样，那比我恐惧、害怕、无助的妈妈只会更多。于是那时的我，就下定一个决心——**选择服务妈妈群体。**

如何走上操盘手的道路

2018 年，在我刚开始行动时，没有那么幸运。我找了好几个项目，都不太理想，更找不到支持，投入勉强与收入打个平手。

直到 2019 年，我遇到了线上早教赛道，虽然没有系统的方法，但也正式开始做起了**社群运营工作**。当时的我既没有章法，又没有打法，只能一个一个的社群运营过来，一个一个的客户服务过来，用了一年多时间，我积累了自己的第一批种子客户，用了一年半的时间，我亲自带了 50 多个社群，服务了 3000 位妈妈。

当时我发现0～3岁的重视孩子教育的妈妈群体都需要早教绘本，可以说绘本是早期育儿的必需品。所以我开始找绘本代发的项目，可是卖书利润本就不高，而且将心比心，我自己作为妈妈也做不到每个月无限期地买书，尤其绘本价格还是比较高的，有这种认知与经济条件的家庭并不多。

后来，我遇到了一个线上租赁绘本的平台，我当时再三问自己，作为一个妈妈，我能接受线下租书吗？我的答案是：从价格到服务，再到专业，我都能接受。好，那我就做这个！

就这样，我们一场900多人的纯社群发售，就卖了129张年卡，获得超15万元的GMV，我赚了2万元。那是2020年6月28日到6月30日，两天我们就拿到了这个成绩！就这样，我的从“0”到“1”好像自然而然就过渡过来了。

像是一下子上了高速路，我开始体验到项目裂变、团队与会员裂变的威力，我们团队只用了半年时间就聚集了500多位妈妈战友，一年时间团队超过1300人，我们代理的“好奇说绘本卡”突破了1万名付费会员。这在整个体系中，我们交了一份非常牛的成绩单！到这里，其实我还处在社群运营阶段，如果从操盘手的专业性上来说，叫社群运营操盘手，或私域操盘手。其实那时候我都没有系统地学习过操盘与发售，后来是因为团队人员多了，我一心想着带领团队做出更大的成绩，为了提升流量与转化率，我才踏上了系统学习操盘手知识的道路。就在那时，我遇到了**江湖格掌门**，从掌门那里系统学习操盘手知识，并一次又一次地实操落地。

这两年多时间里，我带着团队做了 8 次以上的发售操盘，每一次的业绩都能超过百万元，最高的一次是 3 天创造了 318 万元的业绩！

我是一个广东人，说一口“广州普通话”，从小学习不太好，没有上什么名牌大学，所以我自认为不是做 IP 的料子，或者说我对于站在镜头前也没有提起太多的兴趣。**所以我选择在幕后做营销策划、带团队打仗、做数据分析等，这些都是我擅长的事情，是我有自信做好的事情，而且我认为这些事情，是普通妈妈们也都可以做的。**

如果不是家庭教育专业出身，又想走上“专家”之路，就需要投入很多学费不断地去深学，但家庭教育类专业的课程不便宜，动辄就是几万元，对于普通的“小白”妈妈而言太难了，最重要的是变现时间太长了。

我的初心就是：希望那些在生子后，因为想照顾孩子、陪伴孩子而回归家庭的妈妈们，可以找到一份在带好孩子、陪伴孩子成长的同时还能有收入的工作。这条路我已经探出来、踩出来了，那就是**家庭教育操盘手**。

为什么是家庭教育操盘手

首先，**家庭教育与妈妈、孩子关系密切，也是妈妈们的必修课。**好的家庭教育对于孩子的成长和发展有着深远的影响。妈妈们在家庭中扮演着多重角色，既是妻子又是母亲，需要照顾家庭和孩子的日常起居。而家庭教育需要教育者对孩子的特点和需求进行深入了解和分析，然后根据这些信息和孩子的实际情况来制订相应的教育计划和方案，需要投入大量的时间和精力——这种工作方式与妈妈们的角色非常契合，因为妈妈通常更注重细节，更关注孩子的情感状态和需求，并且更有耐心，这些特点使得妈妈们在家庭教育中更能关注孩子的感受和需要，从而提供更贴心、更有效的指导。

此外，家庭教育市场的用户群体也在不断壮大。目前，“80后”“90后”家长成了家庭教育市场的主要用户群体。这些家长普遍重视孩子的教育问题，更愿意在家庭教育上投入更多的时间和精力。同时，这些家长也更加注重孩子的个性化需求，希望能够通过家庭教育帮助孩子更好地挖掘自己的潜能。

近年来，家庭教育市场越来越受到关注，市场规模也在不断扩大。相关市场数据显示，2019年，中国家庭教育市场规模约为3500亿元，而到了2021年，这一数字已经增长到了5000亿元。其中，线上家庭教育市场的份额也在逐年上升，尤其是在2022～2023年，线上家庭教育市场的份额更是大幅增长。

总之，家庭教育有需求、有意义，符合市场形势。

2018年，在我最迷茫的时候，我考察过各类意义母婴项目，总结下来：对于妈妈们来书最有前途、最有长期价值、最符合妈妈们优势特长的工作，就是家庭教育项目。还有一个统计数据更让我惊讶，那就是“90 后”妈妈中，有近半数的人选择做全职妈妈或做自由职业。

这代表什么？这代表着很多妈妈需要一份在家也能赚钱的工作。而将心比心，我会选择家庭教育，起码我的孩子是受益者，而教育对孩子的益处是影响终身的。

不一定每位妈妈都能走上专业道路，都能成为家庭教育的专家，所以成为家庭教育操盘手就是一个很好的选择，这起码能让我们成为家庭教育的受益者，因为同时我们也是以用户的身份，在家庭教育的圈子里，让自己和孩子受到更加良好的教育环境的熏陶。

所以，选择家庭教育赛道，不只是因为这个行业有足够大的市场发展空间，也是因为我们自己可以得益、认同和喜欢。

如果单考虑是否赚钱，可以选的项目确实有很多，可是做家庭教育的人，很多都是有情怀的，并坚守着一定的价值观。而家庭教育操盘手正可以让你在实现情怀的同时拥有财富。

对于 IP 操盘手，我有自己的定义——**IP 操盘手就是商业魔术手，可以做从无到有的创造，无论是流量，还是转化变现，都能直接变出来。**很多人有非常扎实的专业理论，也很有经验，但就是不懂如何把自己的影响力放大；对市场需求没有概念，不知道如何设计产品，如何把产品卖出好价钱，如何把产品卖出去；也不知道如何做好客户画像，找到客户的需求点、痛点、下单点；更不知道如何发售产品，如何做内容，如何把投入收回来，如何把产品以更高的价值交付给客户以换取更好的品牌口碑。这些人就需要操盘手的帮助。

而且，**操盘是一项不会过时的硬实力。**品牌力、影响力、营销力、客户运营能力等，都是市场上永久流通的硬实力。

大家看到这里应该能感受得到，我为自己身为一个操盘手而感到光荣。

那做家庭教育操盘手究竟能赚多少钱呢？如果你不想有太大的压力，又想要有比较舒适的节奏，你可以**做一个产品代理**，单卖产品，赚利润或提成，一个人就能做，也能同时成为一个小 IP，有一点影响力，好的话，**一个月能有 1 万～ 5 万元的收入。**

如果你真的想认真专做操盘手，先组建一个 **3 ～ 5 人的团队**，就可以接 3～4 个 IP 盘，制定收服务费 + 提成。专业全链路的盘子一定是需要团队操作的，需要有总控，还要有视觉操盘、视频操盘、朋友圈操盘、社群操盘、1V1 谈单手操盘等不同的岗位组合。这样一个团队，一年可以接 5～6 个盘子，每个盘子需要服务 3～6 个月，每个盘子能变现 30 万～100 万元，操盘手团队可以分到**大约 30 万～ 60 万元**。能力强的操盘手团队可以接到几百万的项目，分到的利润也就更多，当然，这需要经验与能力积累的过程。

也可以选择组建 **3 ～ 4 人的团队**，从“0”到“1”孵化一个 IP，帮助 IP 第一年变现 30 万～100 万元，第二年变现 100 万～200 万元。就这样单独专注一个项目，从产品打磨到流量运用，从发售转化到完成交付，赚到的钱就由 IP 和操盘手进行分成。这也是很不错的选择。

现在的我，可以从“0”到“1”孵化 IP；也可以做短期发售操盘，直接拿成果——就是直接帮助 IP 卖货、变现。发售操盘是我集中精力在做的，也是我这几年积累下来的硬实力。

到现在，我的家庭教育水平依然很“水”，但我就能在这个赛道上拿到大成果，而且还可以支持很多妈妈拿到大成果，**这就是操盘手的价值，这就是懂商业的魅力！**

在此，感谢努力的自己，也感谢我的老师江湖格掌门！

做自己**热爱的**、**擅长的**事情，

此生才会**圆满**。

做自己人生的操盘手，过想要的人生

凌笑妮

- 自律升学创始人
- 前中科院老师
- 畅销书《自律的孩子成学霸》作者
- 多所海淀中小学校外辅导员

我用了 20 年拼进了中科院，决定辞职仅用了一天

我是凌笑妮，出生在山东烟台的一个小山村里，幼时窘迫的生活环境让我无时无刻不梦想着走出大山，去往更广阔的世界。读书改变命运，我一路从烟台到北京，再到日本、新加坡，回国后进入中科院工作，一脚踏入教育行业。这一步，我用了**整整 20 年**。

进入中科院后，我每天都在跟硕博生们打交道，让我看到了优秀学生的样子，同时也从他们身上体会到了一种高等教育的无力感。很多学生，优秀在他们身上成了一种习惯，他们学习优秀，体育优秀，做什么都很优秀。但其中有些人，眼里并没有光芒，他们学着自己不喜欢的专业，做着不能给自己带来成就感的科研，对前途充满迷茫。在这些学生身上，我深刻地认识到**幼儿教育以及青少年教育的重要性**。

那段时间，我对自己的工作谈不上喜欢，只把它当成一份养家糊口的工作，只是一份责任，既不热爱，也不擅长，更没有成就感。幸运的是，我有一份自己热爱的“业余”事业——我学的是儿童教育心理学专业，所以会利用工作之余，到海淀区各社区的中科院幼儿园以及北京中小学中，做家庭教育讲座。

“爱出者爱返，福往者福来。”在这个过程中，我找到了自己的天赋所在——我从小就极喜欢孩子，只要是与孩子有关的事情、跟孩子打交道的事情，都能让我激情满满。于是，我的内心有了非常清晰的使命感：我要帮助更多的孩子高效学习、快乐成长、

保持身心健康。

就在我在键盘上敲下这些文字的时候，我刚刚在北京市某重点小学中给 300 多个孩子做完分享会，内心仍然充斥着满满的幸福感。

做自己热爱的、擅长的事情，此生才会圆满。

二胎时高危瘢痕妊娠，让我明白了生命的珍贵

我之所以有勇气追求活出自己极致的生命状态，原因来自 2015 年我生二胎时遇上了高危瘢痕妊娠，期间每一天都是未知的，当时北医三院最有名的产科医生说的一句话彻底将我打入深渊。她说："别看你家离医院近，但是一旦发生子宫破裂，用不了 3 分钟，你的命就没了。国内还没有发生子宫破裂后还能活下来的例子。"望着眼前 9 个月大的老大，我深感生命的脆弱。作为妈妈，我多么想陪伴他长大。可现实是，每一天我都不知道还能不能看到明天的太阳，每天早上醒来看到阳光，我就感觉无比幸福，因为又平安活过了一天。

就是这段经历让我想明白了：**人这一辈子，一定要活出自己来。**做自己热爱的、擅长的、有价值的事情。不要斤斤计较，活着就是美好的事。

很幸运，老二顺利出生，母子平安。出了月子后，我一边回归到中科院的工作中，负责科研基金管理；一边寻求自己真正擅

长的事业。在寻找的过程中我突然意识到，所学专业是儿童教育心理学的我，每次上课的时候我都感觉如痴如醉，老师讲的很多知识，我早已知道，专业学习对我来说丝毫没有难度。这给了我启发——**做与孩子相关的工作恰是我的天赋所在。**

从中科院辞职，做自己的品牌

生育二胎时的生死考验，再加上中科院的工作经历让我深深感受到了高等教育的无力感，以及青少年教育的意义所在——**一个孩子最重要的人生收获，是在小学和幼儿园阶段获得的。**于是，我从中科院辞职，开始打造自己的个人品牌。**定位是提分升学，赛道是家庭教育赛道。**

我很快设计出了自己的闭环方案和私教课程，帮助我的学员们拿到了非常漂亮的成绩，也有了一支我非常信任的、可以一起打胜仗的初创团队。

一路走来，我想告诉你的是：**一定要做自己人生的操盘手。**

我从 2022 年开始打造自己的个人品牌，并于 2022 年 3 月份出版了**《自律的孩子成学霸》**一书，操盘发售期间，拿下了当当七榜第一的好成绩；还获得了当当影响力作家称号。

当你明白你真正想要什么并努力去争取的时候，老天都会帮你。正是这次操盘经历，让我意识到了操盘的重要性。不但要操盘好每一个项目，更要操盘好自己的人生。因为人生不设限。

拿到的成果：学员的成果，我自己的成果

从2022年1月份从中科院辞职，到创办了自律提分升学品牌，我用一年时间实现的收入是以前的3倍，并且每天都做着让自己备感满足的事情。

很多人都对我的做法感到吃惊，不明白我为什么放着好好的稳定的工作不做，偏偏要自己创业？

我无法跟他们说明，以前任职于中科院时，虽然工作稳定，时间空闲，但收入并不高，且让我没有任何成就感，总是极度内耗和压抑。那时候，我便会利用工作之余，到处做家庭教育讲座，开设青少年课堂。只有在做与孩子相关的事情时，我才能兴致高昂、乐此不疲。只要是与孩子相关的事情，都能给我赋能。所以，我有什么理由不选择做让我充满斗志、我擅长，还能为我带来更高收入的事情呢？

后来，我义无反顾地从中科院辞职，打造自己的个人品牌，出版了个人专著；还在中科院幼儿园、海淀社区小学、清华附小等地方做了近百场讲座，陪伴学员一学期，让很多孩子从倒数第一、第二名的状态考到了全班前几名。

实际上，我自己就是一个从小专注力差、听知觉差的孩子，小学时成绩一直处于全班倒数前三名。初中时我找到了科学的学习方法，开始**利用思维导图搭建知识体系**，重拾对学习的自信，也开启了自己的逆袭之旅。之后，我一路考上重点高中，读到中

科院。

所以，我有经验，也有信心，运用**完整的学霸培养体系**，利用一个学期，让一个学习成绩全班倒数第一、第二的孩子，一跃成为第一名。

就是靠着这套培养孩子**“从普娃到牛娃”**的简捷有效的方案，我们培养了上百名逆袭的孩子。有的孩子仅用一学期，成绩就提升了100多分，有的孩子考入了重点高中，有的孩子逆袭考进了985和211名校。

这套成熟的学霸孩子的自主学习力培养闭环体系，让大量学员逆袭拿到成果。所以辞职创业的这两年，我的事业无疑是成功的。这也得益于我对个人品牌的全局操盘——从定位到产品矩阵设计，再到低转高销售模型搭建。

想要不焦虑、充实而笃定，要有全局观又要脚踏实地

要想不焦虑，要想操盘好自己的人生，既要有人生的全局观，又要有决断力和执行力。你先要想清楚：这辈子我想成为一个什么样的人？我想要活成什么样子？我的热爱、我的天赋在哪里？我能做什么，不能做什么？我要活成这个样子，那我当下要做什么？**要能仰望星空，又能脚踏实地。**

未来，继续操盘好自己的事业

之前的两年，验证了我选择了一条正确的路。接下来我就要顺着这条路坚定地走下去。我要继续跟着格掌门好好学习操盘知识，操盘自己的事业，也要操盘出一个更美好的人生。

我们获得流量的最终目的是要进行**转化变现**，所以追求**精准**变现流量远比追求数据更重要。

流量的幕后

赵亮

- IP 孵化手
- 流量操盘手
- 短视频达人

关于流量的认知

在这个**流量为王**的时代里，每个人都梦想通过短视频平台（抖音、视频号等）实现爆火，一夜成名，创造一个属于自己的流量时代，给自己带来更多的商业价值、变现机会。

但很多人在追寻流量的过程中，每天被视频的流量数据左右，因视频而喜，也因视频而悲，没能真的通过流量得到自己追寻的东西，反而给自己带来了非常多的苦恼，备受折磨和煎熬。这是为什么呢？最开始做视频的时候，我也是这样的，但经过了大量的实践后，我终于找到了原因，就是我们对流量缺少认知。于是，我总结了一些我对于流量的看法，希望对当下的你有所帮助。

做不好流量，可能是因为你的思维出了问题

我特别不喜欢的一个词就是"行业标准"，因为它真的会让人失去思考及创新的能力，只要按部就班地去做就可以了。大家一定都听过一句话，**打败你的永远不是你的同行而是跨界。**因为跨界就不会去考虑所谓的行业标准，会跳出这个行业的固有思维。是的，很多时候我们在一个行业里，就会陷入一个固化的思维模式里。其实做流量也是，很多时候你做不好，可能就是因为被局限在一个框架里了，这种情况让你很难破圈，很难获得流量。**因为同质化太严重了，用户早就看腻了。**所以你要勇于去打破常规思维，去尝试更多的可能，这样你才有机会获得更多的流量。

要记住，有的时候换个思路去想问题，或者将两个不相干的内容连接到一起，**学会去“借”**，才可能会达到意想不到的效果。

不是所有的流量都适合你

很多人在追求流量的路上逐渐迷失自我，产生了认知误区，在逐渐的求而不得中开始盲目用力，去蹭一些跟自己不相关的热点，或者不属于你这个赛道的流量。这种情况下，即便你有了流量，也是无用的。你要知道，**我们获得流量的最终目的是要进行转化、变现**，如果流量不精准，那它就是没有价值的“垃圾流量”。所以我认为，**追求精准变现流量远比追求数据更重要。**

先把流量做起来再想如何变现是最大的错误

我用我亲身经历过的惨痛教训告诉你：做账号也好，做流量也好，没有做好整体商业规划之前，真的不能盲目去做，否则即使有了流量，很可能最后也没法变现。

我之前做了一个关于摩托车的账号，只是因为看到抖音里有很多做摩托车账号的博主，正好我也喜欢摩托车，就想着我是不是也可以做一个。但当时，我对于变现路径根本没有想清楚，就风风火火地开始做了，就是想着先做流量，有流量以后再慢慢思考怎么去变现，那么多做摩托车账号的变现路径，肯定有一条路适合我。经过两个月的努力，我的账号粉丝量达到了 3 万多个，很多视频的播放量都破了百万，点赞过万的视频有很多，我感受到了流量的冲击力。而且很多粉丝都私信我怎么买车选车。但现实情况是，当我想着怎样去变现的时候，结果却是当头一棒，这时候才发现没有适合我的变现路径。

最终，既没有办法变现，又耽搁了时间，我不得不放弃这个账号。实际上，有很多做了几十万、几百万粉丝的博主，最终都是因为没法变现而放弃。所以，我是想以我的教训告诉大家，做账号之前真的要先做好整体规划，先想好变现路径，想好自己有什么资源可以承接流量，然后再开始去做。**以终为始做流量，这才是正确的方式。**

只想不做，是没法获得流量的

你有没有发现，自己有的时候总是想了很多，但是做的却很少。其实无论是做流量，还是做其他事情，如果有想法一定要第一时间去做，去落地，去实践。有多少人做账号能做到日更并且坚持一年呢？所以，做，是很重要的，然后在做的过程中不断进行刻意练习。相信我，这样一来你会慢慢发现自己对流量、对内容的理解变得不一样了，而这种理解大多数是正向的。

流量的本质

做流量其实是在与人打交道，和营销类似，但又比营销难。因为做流量时要用内容思维去做才行。有人说做流量的本质是心理学博弈，但我更愿意称之为：**做流量的本质是要掌控人性。**因为你所做的内容背后，都要符合人性的需求。为什么有的视频看似很精致，但却没有流量呢？因为他没有切中用户的需求痛点，不懂人性，只是有了很好的画面、很华丽的辞藻，但并不能称之为好。为什么有的短视频能获得流量？根本原因就是这条短视频切中了用户的痛点，或者说在流量背后做操盘的人更懂人性的需求。

流量的聚集地

以抖音、视频号为例，**当下流量主要聚集在娱乐、时政方向。**所以无论做什么赛道，**想要获取更多的流量，你就要把内容跟娱乐相结合这样你才能获得更多的流量。**

流量密码有哪些

大家为了获取更多的流量，都在寻找流量密码，但是却忽略了，流量密码可能就在我们身边，而且有很多。

你想想为什么有的综艺节目你很喜欢，有的却不喜欢？是因为这个综艺节目里面制造了很多悬念、有很多笑点（情绪价值）、有很多故事，也有很多反差，有的还有素人逆袭的情节。其实短视频的流量密码和综艺节目里的看点基本一样，只是短视频相当于是将一个综艺节目进行了拆分，变成一小段一小段的。

那短视频的流量密码都有哪些呢？我列举了一些当前最好用的流量密码，大家可以作为参考。

借势：做流量要学会借势，一旦借势成功，你会发现流量的获取难度立刻降低了很多。古有诸葛亮草船借箭十万支，今天也有视频通过借势播放量突破数百万，这就是借势的力量。借势的方式有很多种，为了方便理解，我列举了几个供大家进行参考，分别是：向明星名人借势、向热点借势、向时政借势、向地点借势、向圈层借势、向节日借势等。

故事：从有媒体开始，故事就是流量密码，一个节奏感强、内容好的故事永远是获得流量的不二法宝。就如现在很多大火的爽文小说一样，其中各种反转情节让人欲罢不能。

挑战：为什么挑战一直都是流量密码？从早期电视节目《快乐向前冲》，再到现如今自媒体博主的各种挑战，挑战类的视频内容层出不穷，并获得很多人的关注。这是因为挑战能勾起大家的好奇心，同时引发观众的紧张情绪，让观众迫不及待地想看到挑战的结果，这就增加了观看时长，有了观看时长，平台自然就会给予更多的流量。

冲突：自古以来，人们都有看热闹的心理，并且热衷于“吃瓜”。冲突就是“瓜”中最有代表的一种。在生活中我们也可以看到，但凡哪里发生点什么事，大家都会一下子凑过去看热闹，看看到底发生了什么。这也是为什么我们看到很多视频开头会设置各种冲突，因为这真的很吸引人，而有人看就有流量。常见的冲突类型主要有两种：第一种是**行动上的**，就是我们常见的吵架或打架；第二种是**意识形态上的**，比如情侣冷战、公司员工内斗等。

蹭热点：这是当下很多人都在使用的获取更多流量的方法，但这种方法我并不是很推荐，因为实际操作时很难把握一个“度”。不要什么热点都去蹭，只有跟自己赛道相关的热点才是真正对我们有用的热点。蹭了跟自己赛道不相关的热点，吸引过来的都是“垃圾流量”，会影响你的流量模型，影响你的转化。所以切记，蹭热点需谨慎。

情绪价值：情绪价值是一个非常有效的流量密码。因为在当今社会上，情绪价值几乎是每个人都需要的，只要你满足或者牵动了用户的情绪价值，就会有源源不断的流量奔向你。情绪价值有哪些种类呢？我列举一些，大家可以作为参考：痛苦、悲伤、激动、开心、孤独、惊讶、暴躁、悲喜交加、冷漠、恐惧、厌恶、茫然。

其他流量密码：除了以上列举的这些流量密码，还有反差、逆袭、损失厌恶、内幕揭秘、金钱数字、制造悬念、特殊视角等很多流量密码。

影响流量和变现的因素有哪些

影响账号流量和变现的因素非常多，每个操盘手在实际操作过程中都要去通盘考虑，根据实际情况做出相应的准备和调整。

下面，我列举了一些我认为常见的影响因素。

赛道的选择：选择赛道很重要，有的赛道流量很少，但变现能力很强；有的赛道流量很多，但变现能力很差；也有的赛道流量多，变现能力也强；也有流量少，变现能力也差。例如情感赛道和卖五金小商品赛道的流量和变现能力根本没法比。这时，操盘手或 IP 在做账号、做流量的时候，选择赛道就显得尤为重要，要擦亮眼睛，谨慎选择。

IP 和团队的能力：很多时候账号变现不好并不是赛道的问题，很有可能是 IP 或团队能力的问题——专业能力不够，不懂得如何设计产品，不懂得转化路径。这个时候需要深刻反思一下到底是哪里出了问题，如果真的是自身能力的问题，**那一定要向外看，去看看别人是如何做转化路径的，**快速去学习，然后应用到自己的产品上。此时一定要记住，不要怕花钱。因为你是在花钱买经验，节省下来的时间会让你赚更多的钱。

内容选题：赛道决定了流量的宽度，选题决定了流量的广度。所以选题对流量的影响十分巨大。我们在设计选题的时候，不能盲目地去选，要有针对性地去做，比如做人设的选题、做信任度的选题、做转化的选题等，并且选题也要尽量跟热点相结合。

变现产品的设计：如果变现产品设计不合理，不符合账号或行业特性，例如低客转高客设计不合理，或者产品与 IP 本身定位不符等，那么都会影响账号的变现能力。

想做好流量和变现，我认为首先是选择赛道，然后选择产品，

要根据不同的赛道、不同的情况去设计引流品、中间品、利润品、高客品等。一个好的赛道加上好的产品转化，才能做出一个好的商业模式。

平台规则：平台规则是影响流量的一个很重要的因素。你输出的内容是否符合平台的价值观，是否是平台当前主推的方向，这些都是很重要的影响流量的因素。**所以在做流量之前，就要先调研清楚平台的规则。**相信我，这样会让你在做流量这条路上，少走很多弯路。

最后，说一下我写这篇《流量的幕后》的目的，因为我自己在做 IP、做流量这条路上踩了太多坑，所以想要给做流量的你一些过来人的经验，希望对你有所帮助。

另外，我想对大家说：**对流量一定要有敬畏之心，不断提升自己的认知，提升自己对流量、短视频和 IP 的理解。**只有这样，你才能在获取流量这条路上走得更久，走得更远。

如果大家对做流量还有什么问题与好的想法，欢迎与我连接。

在智能时代里，商业 **IP 的打造**，就像艺术创作一样，需要**心思、技巧**，还要有那么一点**天赋**。

成为一名商业 IPAIX 操盘手的英雄之旅

乔帮主

- 创造者私董会主理人
- 创造者 IPAIX 商业操盘联盟发起人
- 品牌 IP 内容营销公司创始人

在智能时代，打造商业 IP 战略营销，如何融合 SEO（搜索引擎优化）与 AI 矩阵技术，高效创造无限可能？

如何成为一名优秀的商业 IPAIX 操盘手？

大家好，我是乔帮主，品牌 IP 内容营销公司的创始人，创造者 IPAIX 商业操盘联盟发起人，创造者私董会主理人。

在这 15 年的创业历程中，我不断跨越内容营销的表现形式与周期平台，服务了 3000 多个品牌企业客户，每周同步运行十几个项目是常态。

在这个数字化飞速发展的年代，特别是当 AI 技术成为我们手中的一张王牌时，大家都在探讨如何结合 SEO 更加精准高效地创作个人 IP 的优质内容，如何用好 AI 技术批量打造一个既有影响力又充满吸引力的个人品牌，为我们的商业梦想赋能。接下来，就让我们一起深入探索一下，如何利用 AI 矩阵技术，让你的个人 IP 在众星中脱颖而出，恒星永驻。

内容能力是一个 IP 最大的竞争力

首先，我们得承认，在这个充斥着各种内容的社交媒体时代里，每一位商业 IP 都有自己的价值观和天赋属性，**而 AI 矩阵技术的运用已经成为让个人 IP 脱颖而出的秘密武器。**你看，AI 技术能帮我们分析出哪些内容最受用户欢迎，哪些话题最能引发用户关注。这就像是有了一个**智能助手**，它不仅可以帮你梳理出你的目标用户人群的刚需，协助你理清自己的商业定位，告诉你什么内容能打动人心，还能帮你找到最适合你风格的表达方式。一旦你学会“调教”AI，无论是长短文案、商业品牌设计的视觉展示，还是短视频、宣传广告，你都可以高效地创作出商业级应用水准的作品。

在实际工作中，**要有效地结合 AI 矩阵技术和个人 IP 的内容进行创作，这不仅仅是一个技术问题，更是一个艺术创作的过程。**首先，你得了解你的目标用户，知道他们喜欢什么、需要什么。这就好比是你要为你的朋友做一顿饭，肯定得知道他们爱吃什么，对吧？ AI 在这里就扮演了一个帮你了解目标用户的角色，能够帮你把握好每一个细节，创作出用户喜欢的作品，同时尽最大可能地将作品呈现在用户面前。

平台也有数据概率，我们找准赛道、商业 IP 的账号定位、内容创作方向和维度后，用 MVP（最小化可行性产品）来跑流量，从中找到精准客户所喜爱的内容结构，再据此内容结构进行**批量的 AI 矩阵内容创作**。当然，创作者在其中的作用是不可或缺的，精剪优选再分发，效率就会高很多。

当你创作完内容开始推广时，AI 矩阵技术更能成为你的幕后推手。它可以帮你在社交媒体上智能化地推荐你的作品，也可以通过个性化的方式把你的作品批量化地呈现给那些最可能感兴趣的人。用好 AI，你就如同有了一个**全能的品牌营销推广团队**。

从内容创作到营销推广，这一切都可以通过搭建一支 AI 内容创作流水线大军来半自动化地完成。而且，AI 还能实时反馈，帮你做数据分析，让你了解哪些内容做得好、哪些策略有效，让你的创作不断进步，永远站在迭代创新的前沿。

AI 技术不仅仅是工具，它还可以成为激发你创意的源泉。比如，你可以用 AI 来分析大数据，找出一些最新的选题、爆款视频的结构、最新的创意点，或者用 AI 生成的图像和视频来增强你所创作的作品的视觉效果。这样一来，你的个人 IP 内容维度体系不仅会别具一格，还充满了创新的视觉表现形式。这可以帮你在这个竞争激烈的市场中脱颖而出，打造出一个深入人心的个人品牌。

利用 AI 提高个人 IP 影响力的具体策略有哪些

我们再来深入聊聊，怎么利用 AI 矩阵和 SEO 技术这些“黑科技”来打磨和放大商业 IP 内容触达精准客户的效率，创作出真正打动人心的内容，让你在这个竞争激烈的市场中脱颖而出。

如何在智能时代利用好 AI 矩阵和 SEO 技术打造独特的商业 IP？

要想在智能时代里用 AI 矩阵和 SEO 技术打造出一个与众不同的商业 IP，首先你得搞清楚这两个技术手段到底是什么。

AI 技术，尤其是机器学习和数据分析，可以帮我们深入挖掘目标用户的内心需求，预测他们可能会做出怎样的行动，然后我们就可以根据这些信息来定制符合其需求的贴心的内容。

SEO 技术，主要是帮内容在搜索引擎里获得更靠前的排名，这样就能提高其被看到的机会，带来更多的流量。

这两个技术结合起来，不仅能生产出吸引用户眼球的内容，还能确保这些内容真正触达那些需要看到它的人。这就意味着，**我们不仅仅是在创作内容，更是在搭建一个能让我们和观众有效沟通的平台。**比如说，通过分析用户数据和市场趋势，AI 能帮我们找出那些可能会吸引用户注意力的话题，SEO 则可以确保这些话题的内容能在用户的搜索结果中占据较显眼的位置。这种结合使用，让我们的商业 IP 在精准定位，以及用优质内容触达精准客户的前提下，还具备了独特的策略性和针对性，这就是智能时代下的艺术和科技的完美结合。

为什么说打造商业 IP 在智能时代已经成为一种艺术?

在这个智能时代，艺术是一种创造美、表达情感、传递深刻见解的方式。现在的商业 IP，也是这样。所以，**我们要把商业 IP 打造成艺术作品。**借助 AI 和 SEO，我们不仅是在做一些销售型的市场营销，还是在讲故事，创造一种我们和用户情感上的连接，与观众分享我们独到的见解和故事。每一个成功的商业 IP 背后，都有着一段扣人心弦的故事和对观众情感喜好的深刻理解。我们运用 IPAIX 体系分析市场趋势、了解观众喜好，创作出他们喜欢的作品，再用 SEO 让这些内容能在正确的时间、正确的地点展现出来。这就像是在画一幅画，或者在写一首诗，每一笔、每一个字，都要恰到好处。所以，**在智能时代，商业 IP 的打造，就像艺术创作一样，需要心思、技巧，还要有那么一点天赋。**

商业 IP 的成功秘诀是什么？AI 和 SEO 如何发挥关键作用？

谈到商业 IP 的成功秘诀，那可真不是三言两语就能说清的。但如果非要简单概括，那就是：**深刻理解你的受众和精准地呈现你的内容。**在这个过程中，AI 和 SEO 就像是我们的左膀右臂，发挥着不可或缺的作用。AI 技术帮我们洞察受众的心理，了解他们的需求和喜好。这就像是让你拥有了一双慧眼，能看透用户的心思，知道他们真正想要什么、下一步想做什么。而 SEO 技术，就像是一位资深的导演，确保我们的内容能在这个信息爆炸的世界中脱颖而出，被那些真正需要它的人看到。简单来说，**AI 给我们智慧，让我们知道该讲什么故事；SEO 给我们舞台，让这个故事被更多人听到和看到。**想要打造成功的商业 IP，就得把这两个技术运用得恰到好处，就像是在调配一道美味佳肴，每一个配料都要精准，才能调配出让人难忘的味道。

如何充分利用 AI 矩阵和 SEO 技术，将商业 IP 转化为实际的商业成果？

要想把商业 IP 转化成实打实的商业成果，关键就在于怎么充分利用 AI 矩阵和 SEO 精准词进行匹配。

我们先得明白 AI 技术在这里的作用是深度了解市场和受众。这些信息对于定制内容来说至关重要，**一旦找到爆款作品的结构和逻辑，AI 矩阵就可以快速放大内容创作的效率。**

SEO 技术的使用，能确保这些精心定制的海量内容被更多用户看到。毕竟，再好的内容如果没人看到，那也是白费。通过优化关键词和提高自身内容在搜索结果中的排名，我们能确保内容在正确的时间出现在正确的人面前。

结合这两种技术，我们就能创作出有影响力的内容，吸引目标受众，进而转化为实际的销售额和品牌忠诚度。总之，**AI 矩阵和 SEO 不仅是技术工具，更是连接我们和受众，降本增效实现商业成功的桥梁。**

我们还能利用 AI 来持续学习和改进。AI 技术的优势就是它可以不断地扩充数据，加强分析帮助你优化你的策略。所以，别忘了定期检查你的 ChatGPT（一款对话式 AI 模型），时常复盘聊天，问问它有没有新的洞察或建议，然后据此调整你的内容策略。

通过这些策略，你不仅能提高个人 IP 影响力，还能让自己创作的内容更加贴近粉丝，与其建立起一种独特的、互动的、持久的关系。这样一来，你的影响力不仅在互联网上，更在你的粉丝心中种下了你的价值主张与心锚标记。

成为行业领跑者——AI 技术与超级个体 IP 的未来趋势是什么

走在行业前沿的你，肯定也好奇，未来的 AI 技术和个人 IP 发展会有怎样的趋势呢？这个问题很让人兴奋。首先，未来的个人 IP 发展离不开与 AI 技术的深度融合。我们可以预见，AI 不仅仅是一个帮手，更是个人 IP 成长的加速器。想象一下，利用 AI 技术进行深度的市场分析，快速捕捉和适应市场变化，这将使个人 IP 的影响力和吸引力迅速提升。欢迎大家加入乔帮主的“创造者 IPAIX 商业操盘联盟”，与我一起来探索最新的 AI 技术与商业 IP 内容结合的实战案例，打造商业影响力。

个人 IP 的内容创作将进一步向智能化、个性化方向发展。AI 不仅能够帮助创作者分析过去的数据，还能预测未来的趋势，甚至帮助创作者创作内容。这意味着，创作者可以更专注于创意和策略的发展，而 AI 技术则能帮助我们实现这些创意。

未来超级个体 IP 的营销策略将变得更加精准和智能。利用 AI 技术，我们可以精确地定位目标受众，了解他们的活跃时间和内容偏好，从而实现更有效的营销。这种精准度不仅提高了工作效率，还能大大提高内容的影响力。

AI 技术将使我们成为行业的领跑者，还将引领我们进入一个全新的内容创作和体验的时代。

现在是时候开始拥抱这些变化，用 AI 技术来加速你的成长之旅了。无限可能，皆因 AI，创造者，为相信创造价值！

用推摇篮的手去推动世界，
这不仅是一种**责任**，
更是一种**情怀**。

打造个人品牌，是未来十年最好的投资

邱邱

- 格掌门操盘手合伙人
- 个人品牌商业顾问
- 千万房产 IP 操盘手

这是一个残酷的时代，很多职场人**错把平台当本事，真正离开时，才发现一无所成。**

这也是对普通人而言最好的时代，**越来越多的普通人借助流量展现自己的魅力，被更多的人看到，实现了人生跃阶。**这些成功“出圈”的普通人，他们身上往往有一个共性，那就是**他们在各自的领域持续深耕，积极提升自身影响力和优势，并成功地打造了个人品牌。**

从千亿房企品牌负责人到个人品牌商业顾问，我经历了怎样的转变

我出生在黑龙江省的一个偏远的小县城里，在家中排行老二。我的父母都是普普通通的工人，家庭条件并不优越。小时候，因为家境贫困，我曾遭受了许多白眼和轻视。然而，我坚信知识可以改变命运，父母也非常重视教育，即使借钱也要坚持供我和姐姐上学。父母的这份坚定深深地烙印在我的心中，我暗暗发誓：终有一天，我要通过自己的努力走出这个小县城，去看看外面的世界，让我的家人过上更好的生活，让那些曾经看不起我的人对我刮目相看。

2008 年，大学毕业后，我成为学院第一批拿到录取通知书的优秀毕业生，以管培生身份进入了一家房地产公司，自此开始了我的职业生涯。在此后 15 年的职业生涯里，我见证了公司的成

长——从销售额只有十几亿的公司，成长为千亿市值的上市企业。而我也从一个初入职场的“菜鸟”，逐渐成长为一名能够独当一面的品牌营销负责人。在那段时间里，我还担任了集团营销学院的品牌讲师，为上千名员工进行品牌管理的培训；我管理的项目总销售额更是突破了200亿元。我终于实现了儿时的愿望，组建了一个幸福的家庭，并有了一个可爱的女儿，还在生活的城市中为自己和父母分别购置了房产，让一家人过上了幸福的生活。

然而，事业并没有一帆风顺，从2017年开始，迎来了“房住不炒”的趋势，再加上3年的“黑天鹅事件”，整个房地产行业陷入了前所未有的困境。一夜之间，地产企业成了众矢之的，许多头部房企纷纷“爆雷”，我所在的公司也未能幸免。一时间，裁员、降薪、转行、待业，成了房地产人的常态，很多曾经的地产高管，都成了无人问津的待业中年。

雪崩时，没有一片雪花是无辜的，也没有一片雪花能置身事外。在这场行业危机中，我虽然是幸存者，但我深切地意识到，在新趋势下，如果方向选择错了，那么所有的努力都将化为泡影。

我开始思考：**如果离开这个平台，我还能做什么？我有什么核心竞争力？**

2021年，短视频和直播兴起，个人品牌时代来临，我凭借丰富的品牌经验和付费5位数的学习成果，开始结合业务进行积极转型。从“0”到“1”，我搭建了公司的自媒体矩阵，孵化了数十名房地产主播，并亲自带领团队参与线上直播，通过直播实现了线上销售业绩的突破。我也从一名房地产营销人，迈出转型操盘手的重要一步。

向上破圈，命运的齿轮开始转动

人生最大的幸运就是遇到良师。2023 年 10 月 19 日，我被朋友圈里的一张“IP 新变现 · 高提效 2024 前瞻峰会”的直播海报所吸引，海报上醒目的标题和大咖云集的介绍牵引我进入了直播间，**在那里，我结识了我人生中的恩师——江湖格掌门。**

从那一刻起，命运的齿轮开始转动。

最初，我对于这个传奇女性充满了好奇：她究竟是何许人？是什么让她从月薪 2000 元的电话销售一跃成为卖课 2000 万元的顶级操盘手？经历了 3 次“与 IP 分手”的至暗时刻，又重新起盘，累计 GMV 突破 9 位数，她是如何做到的？在这个竞争激烈的操盘手内卷的时代，她如何用生命来做交付，如何正心正念培养学员，分享行业“机密”，培养了 5000 个同行？又是什么魔力，让她能够获得如此多优秀老师的全力支持？

带着这些疑问，我更坚定了要了解格掌门的决心。2023 年 11 月，我独自奔赴长沙，见到了晚上 10 点仍然奋战在课程彩排现场的格掌门。那一刻，我被她的魅力和魄力深深吸引，毫不犹豫地付费，加入了格掌门的操盘手合伙人，成了她的弟子。

在这里，**我亲眼见证了格掌门和顶级会销大神周宇霖老师的**

实力。周老师曾创造了将操盘教培企业从1000万元做到6.7亿元的业内神话。而格掌门向周老师付费获得的绝密课程，让我和其他34位桌长（即助教）亲自参与到会销实战中，带领团队一起取得了300万元的操盘战绩。

在这里，我结识了同为格掌门操盘手合伙人的毛玉博老师。他曾是头部商业IP操盘手，帮助IP“透透糖”从单月变现500万元做到了5000万元。毛老师无私地分享了他设计私域低转高的链路、设计公开课的心法，以及一套轻松变现的打造私域管理体系的方法。

在这里，我还认识了全网拥有2.7亿自然流量的金刚老师。在这个流量超级内卷的时代，他竟然未花一分钱的广告费，就实现了多IP变现2亿多元。金刚老师教我们如何找准商业IP定位、规划变现路径，并传授了凭借自然流爆款短视频涨粉及变现的策略打法。

在这里，我还认识了前博商管理操盘手、传说中张琦老师背后的操盘手吉大大老师，学会了博商的短视频IP矩阵打造方法论、如何通过定位实现短视频变现的商业化运作以及短视频的流量之道。

还有曾担任木婉清集团执行总裁、现虞美人集团私域操盘手的鱼总，千帆智慧太太研习社创始人帆姐，菁凌研习社创始人、畅销书作家李菁老师，以及用文案能量感染人的创始人商业IP顾问丹老板。在如此高能的圈子里，向这些优秀的老师学习，与其交流，我的精神变得更加富足，每天都被满满的能量所滋养。

以超越常人 10 倍的努力和成长速度，我在一件件小事中打磨自己，期待着有一天能够惊艳所有人。

引领家庭教育宝妈团，打破 35 岁职场魔咒

在人生的道路上，35 岁似乎成了一道坎。跨过这道坎，我们似乎就变成了“职场中的奢侈品”，表面看似珍贵，实则价值几何呢？时间会让一些人“贬值”，也会让一些人“升值”，而最重要的是，我们要不断地为自己注入新的能量，让时间成为我们最忠实的盟友。

在家庭绘本教育品牌“好奇说”的联合创始人松松和格掌门的共同努力下，一个**“家庭教育操盘手计划”**应运而生。这个计划的目的是**赋能那些有才华的妈妈们，帮助她们重新找到适合自己的定位，最大限度地释放她们的影响力和商业变现能力。**用推摇篮的手去推动世界，这不仅是一种责任，更是一种情怀。

作为一个 10 岁女孩的妈妈，我被松松和格掌门的发心深深打动。这些妈妈们有曾和我一样在某个领域里叱咤风云的职场精英，有拿着海归文凭却甘愿回归家庭的高知妈妈，也有因为孩子出现心理问题而开始治愈孩子、自我疗愈，一步步走向不平凡的普通妈妈……为了取得工作和家庭的平衡，妈妈们常常委屈自己，埋没了自己的才华。

深受鼓舞的我主动申请担任训练营的教练，帮助 50 名妈妈，在 40 天的训练营中，一起找到了自己的定位，一起成为家庭教育领域的操盘手。

训练营帮助妈妈们找到准确的定位，成为家庭教育操盘手的课程包括以下 8 大板块：

1. 建认知。掌握新时代必备的 4 大硬技能和 3 大软实力，找到变现新地图。

2. 理定位。3 个步骤，打造价值百万的家庭教育 IP 定位。

3. 搭基建。吸金人设和破圈故事，打造客户愿意付费的人设 10 件套。

4. 做内容。揭秘 6 维人性，打造人人争相传播的爆款内容。

5. 磨产品。7 剑合璧，10 倍提升产品销售额的变现体系和包装策略。

6. 搞流量。精准获客的 4 大引流方式，3 大引流链路，短视频引流的方法和技巧。

7. 爆营销。5 个步骤，打造让钱像浪潮一样扑面而来的成交体系，引爆百万直播间。

8. 精运营。6 大社群矩阵，最大限度地发挥私域的价值，构建 2 大商业闭环，让你的客户闻声而来。

通过这套操盘手课程体系，我们不仅帮妈妈们拿到了操盘手的专业证书，还通过项目发售帮她们拿到了 6 位数的销售变现。这不仅是一种转变，更是一种蜕变，一种自我超越。在这个过程中，妈妈们不仅收获了知识和技能，更收获了自我认同感和价值感。

找准定位，再小的个体也有自己的品牌

微信的创始人张小龙曾说：**“再小的个体，也有自己的品牌。”**

经营个人品牌，核心在于修炼自我，成就他人。你要拥有一颗坚定且向善的初心，这颗初心将贯穿你个人品牌建设的始终。如果你能给予很多人信心、勇气和希望，那么你便有了深远的影响力。

打造个人品牌，让自己变好，是解决所有问题的关键。塑造个人品牌将成为未来 10 年最好的投资。

如果你在成长的道路上感到迷茫，不知道何去何从，我愿意成为你的引路人，帮你通过打造个人品牌，找到自己的人生方向，实现自己的价值。

感恩格掌门和各位导师引领我成为一名专业操盘手。如果你也想通过个人品牌实现商业变现，欢迎关注我，免费送你一份“个人品牌打造心法”。

我愿带着这份感恩，帮助 1000 名学员开启他们的个人品牌变现之路。

期待与你相逢，共同成为更好的自己！

生命的意义，就是从出生开始到离开这个世界，在整个过程中，你所**呈现出来**的一切！

认真操盘人生，活出丰盛的自己

烁琦

- 井言身心平衡创始人
- 井言逆龄密码创始人
- 原知漫活家园创始人

今天阴天，窗外的大树、花草全都静止不动，天空灰蒙蒙的，阵阵飞机划破云层的声音，从远处传来。

回想十年前的自己，浑身是病，头痛、抑郁、失眠、肠炎、鼻炎、肩周炎、颈椎和腰椎的毛病、胃窦糜烂、胃出血……每一天我都仿佛生活在水深火热之中。晚上睡不着，白天睡不醒，各种慢性病缠身，感觉命都丢了半条。

别说去工作、赚钱了，就连最起码的日常生活都不能正常进行。每天中午才能起床，下午就躺在沙发上继续昏睡，没有精气神，动不动就发脾气、摔东西，家里所有的玻璃制品、陶瓷制品、塑料制品全部被我摔了个遍。但凡视线可及范围内能摔出声音的东西都被我摔过。

孩子们长期生活在这种环境中，不知道受了多少负面影响和伤害，父母和老公也是看着我的脸色行事。整个家庭都被我影响了，用我爸的话说就是：我一笑全家都云开日出，我一生气全家都鸡犬不宁。

那个时候因为抑郁情绪越来越严重，加上头痛、失眠也加重了，我整个人要不就昏睡如半个死人，要不就暴躁抓狂到极点。

我的整个生命里都充斥着中药、西药的味道，充满了白天困得不行、晚上因失眠而抓狂的感觉，充满了痛和绝望……

这一切现在回想起来那么遥远又那么近，恍如隔世。

那个时候我连做一个正常人都是奢侈的，更不要说去探索外面的世界，做自己喜欢的事情，或者说挣钱。我每天都处在一个求生存的状态中，带给孩子和家庭的，都是无尽的负担和伤害。

那时我唯一的梦想，就是有一天头不痛了，能睡个好觉。我也曾尝试过无数西药、中药，去求各种偏方、各种辅助治疗，感觉我的生命不是在医治就是在求医的路上。可始终没有有效的治疗方法。

我的生命里依旧充满了疼痛、噩梦、睡不着、睡不醒……仿佛我的整个人生都被下了诅咒，我被困在一个牢笼里面，永远出不来。

那时，抑郁症严重得让我不想再活下去。我走在街头上看不到红绿灯，在车流中穿梭，不在乎身边按着喇叭急刹的车……有很多次想要结束这一切的冲动……但是，在冥冥之中我想到了儿子和父母，便又回到了现实中来。

生下老二之后的十年间，甚至不止十年，而是二十年、三十年，我的人生都是被操纵的，就像有一只无形的大手把我牢牢困住，让我不知道这痛苦什么时候到尽头、不知道什么时候柳暗花明，我甚至不知道我能在这个世界上活到哪一天。我也不知道正常人的生活是什么样子，不知道睡觉的时候不做梦是什么样子，不知道晚上睡觉时一觉睡到天亮是什么样子，更不知道头不痛是什么样子……

在我的生命中，从 5 岁开始我就头痛、失眠。直到生下老二以后我患上抑郁症，身体更加虚弱。感觉整个人生每往前走一步，我的生命状态就更糟糕一点。每天我都在想：这种日子何时是个头啊？

其实我本身是一个很乐观坚强的人，一方面面对病痛的时候我是失控的、抓狂的；另一方面在现实生活中，只要不是在家里，我基本上都在努力做一个正常的人。

装作是一个正常人的代价就是，回到家以后我更累、更容易崩溃。

可能是因为习惯做一个被身边人信任、让他们依靠的角色，所以不管我多么疼痛、怎样难受，我都尽量忍耐，以致感觉没有人能关心我，也没有人能够帮我，甚至连安慰都没有。这几十年一路走来，都是我一个人扛下所有。

我经常觉得自己的人生就应该靠自己把握，没有人能改变我，也没有人能操控我。可现实却是，不管我怎么努力，这一切还是不受我的控制，甚至越来越糟。我的人生就像一个充满悲伤的故事，看不到结局。

后来，我开始学习易经、星座、九型人格、身心灵等。凡是我觉得可以让我去寻找答案的东西，我就去学习。我要去找寻真相，弄明白为什么我的人生是这样的？

可人生并没有因为我去学习而改变。纵然我认真又努力，但是我的身体状况仍然没有改善。

我从一个在西医里泡了十几年的老病号转向中医治疗，游走在各种民间偏方、养生理疗中，寻遍所有我能找到的医疗方式，又好几年过去了，我的病仍然没有治好。我彻底绝望了！

有些时候，可能是老天在考验你，等到你感觉生无可恋的时候，老天才愿意给你重生的机会。

五年前，我遇到了整体自然疗法。

突然接触到营养学时，其实我并不完全相信。因为我已经很注意饮食了，吃的所有食物都尽量是绿色的、健康的、新鲜的。因为对于一个身体状况长期欠佳的人来说，平时吃的食物和生活环境本就要比普通人谨慎很多。所以我认为我怎么可能缺营养呢，我吃得那么健康。于是我并没有立即用营养学的理论调理我的身体。

但是，因为我的老师在身心灵成长方面有非常高的造诣，所以可能是老天的特意安排，注定我应该走上这条道路，我此前所有曾经学过的关于身心灵的知识沉淀和积累，在老师的课程里一一得到了落地实践。

我看着老师写的文字，听着他的音频，渐渐地，我沉浸在营养学的世界里。因为几十年以来久病成医，所以学老师的营养学对我来说是轻而易举的事情。

我发现自己以前学的那些知识只停留在认知层面，不管是心理的健康还是身体的健康，都如空中楼阁。然而到了老师这里，我的任督二脉仿佛被打通了一样，知道该怎样去获得真正的健康，也懂得了怎样才是真正地爱自己。冥冥之中好像是上天给我开了一道缝，让我朝着那束曙光，拼命向上延伸，如饥似渴地向上延伸，想冲破那道封锁我几十年的屏障，重新活出来，做一个真正能够操盘自己身体的人！

理所当然地，我用整体自然疗法调理我的身体。从胃到全身，从各种身体疾病到抑郁症，都在一点一点地得到改善、一点一点地痊愈。这让我几十年来对于身体健康的担惊受怕、恐惧绝望以及各种负面情绪，都慢慢地减少直至消失了。

通过整体自然疗法，我学会一点一点地爱自己，知道了我的身体细胞到底需要什么样的营养，知道了怎样才能让我的身体恢复健康……这个时候我才突然有一种能够真正地操控自己的人生的获得感和成就感！

我从小就是一个非常有主见和想法的人，从来不会后悔我做过的事情。所以当那种非常想要掌控自己的一切，但又无能为力的绝望感出现的时候，我真的无比痛苦。

而现在，我不只是获得了身体上的新生，更重要的是，我觉得我可以掌控自己的生命、自己的健康、自己的关系、自己的人生！这是一种实实在在的、可以触摸的感觉，就像我现在可以掌控我的睡眠一样，让我无比安心和满足。

从此我不用再去医院，我从来没有如此这般有安全感，我也从来没有如此这般去感恩过，感谢我生命中的一切，感恩让我遇到了老师！

就像老师说的，你打坐打不出健康来，你念经念不出健康来，真正的健康是你身体细胞的健康。当我们的身体真正变得健康了，我们的心理才会回到健康的状态。

现在的我，每一天都怀着一颗感恩的心去面对这个世界。

其实在我从小到大的成长过程中，我得到了很多的爱，只是因为我自己的生命状态不好，所以我就选择了看不见、听不见。而现在，因为我的身体健康状态越来越好，所以我才能有这份平静、自在、放松的心态，才能体会到他人给予我的善意和爱意，才能去觉察活在当下的状态。

未来的路还很远很长，在未来三年中，我要认真做一个计划，让我的人生越来越丰盈。

今年8月，我有幸通过帆姐认识了格掌门。一切就像是命中注定，因为我在加入格掌门的私董会以后，发现格掌门的课程就是关于IP操盘手的。天哪，这跟我的人生真的是完美契合！我现在不正需要这样一门课程吗？我不正需要去学习做自己人生的操盘手吗？

所以我经常说认识帆姐和格掌门是我最大的幸运，她们给我带来了奇迹！

在操盘手的课堂上，我从一个“小白”走到今天，虽然还没有真正操盘过商业案例，但我在心里已经把我的人生“操盘”得明明白白。

人生如战场，亦如商场。

当一个人知道自己来到这个世界的使命是什么、活着的意义在哪里时，他就会清楚地知道自己的明天和未来是怎样的。

很多人活了一辈子都不知道自己的价值在哪里。生命的意义是什么，**其实生命的意义，就是从出生到离开这个世界，在这整个过程中，你所呈现出来的一切。**

所以这个时候你就会知道为什么有的人，他的生命看起来更有价值，而为什么有的人觉得自己活着没有意思。因为在他活着的每天每分每秒里，他都没有真正地去看见自己，去爱自己。

如果我们问一个人：你爱你自己吗？你看重自己的健康吗？可能每一个人的答案都是：是的，我很爱我自己，我也很看重我的健康。可事实上呢？你会熬夜，你会吃垃圾食品，你会抽烟，你会喝酒，你会有网瘾，你会看人不顺眼，你会怕拒绝别人，你会焦虑，你会恐惧，你会在负面情绪来临的时候没有觉察而任其泛滥成灾，你会抱怨，你会觉得事事不如意，你会觉得这个世界不公平，你会找很多理由去解释自己的失败而不愿意付出努力去改变……当这些多多少少地都存在于你的生命之中，请你告诉我，你真的爱你自己吗？你真的看重自己的健康吗？

所以从今天开始，跟我一起，像我一样，做一个真正爱自己的人，做一个活在当下的人，做一个在当下会觉察自己的情绪和身体状况的人，做一个把自己照顾好、让自己充满能量的人！

当我们有足够的能量时，我们才能够去爱我们身边的人，才能够去创造更有价值的东西，才能够去做自己喜欢的事情，才能够更好地去工作、去挣钱……

当我们有足够的能量时，我们才能去和这个世界上的人和事产生好的连接。这样我们的生命才会变得更有意义，我们才会有更多的幸福感和价值感。

在未来的三年中，我希望我在格掌门的课堂上学到的知识，不仅能被我用到事业上，也能用到生活中。

就像帆姐说的：**人生真正的幸福感，往往来源于你的生命是有成长性的，是有希望的。**

明年，我要把我的健康提升到一个新的高度，我会去做身体塑形，认真护肤，希望在一年后能够呈现出一个内外皆美的烁烁。

明年，我要组建一个优秀的团队。我要带着团队中的每一个伙伴一起成长、打拼，互相成就，争取在年底带来丰厚的回报。

明年，我还要好好修复我和丈夫的关系。我们一起学习，一起旅行，一起陪伴孩子。

未来的路还很漫长，明年只是一个起点，哪怕是未来的三年，或许也只是一个幸福生活的开端。还有此后几十年，我们都要用心去经营。

让我们认真地操盘自己的人生，从此活成一个向阳而生的人。

通过参与别人的项目，练习自己的能力，是**最低风险**的创业。

历经七次创业，我终于找到了操盘人生的方法

米大侠（Amy）

- 飞轮发售体系开创者
- 木兰发售天团创始人
- IP 发售操盘手培训教练

深耕教育 16 年，创业 10 年，历经 7 个项目，为何最终选择了 IP 发售

我是米大侠。

我靠着 300 多个粉丝的朋友圈起步，一个月变现近百万元，拿到了行业内天花板级别的成绩。

我连续创业 10 年，曾月入近 7 位数，也曾跌落谷底，经历多重暴击——破产、离婚、负债，深陷挫败的深渊不能自拔。

我是两个孩子的妈妈、是一名女性创业者、是一名心理咨询师，可我也曾找不到真正的自我。

值得庆幸的是，成为 **IP 发售教练**，让我重新找到了活着的意义。

陪跑 100 多个素人转型做 IP，帮 30 多个企业招商发售，我的总业绩突破了一个一个亿的“小目标”。

这也证明我研发的 **“飞轮发售”体系**，可以让数万人受益。

“飞轮发售”能帮你什么？

如果你正在为有流量却不会变现而发愁，或者正在为自己的转型感到迷茫，再或者你也曾身处谷底，甚至深陷情绪内耗，至今无法走出，那么请你一定要读完接下来的内容。看看我是如何绝境逢生，如何找到自己的使命，又是如何帮助更多的人实现梦想的，相信一定会对你有所启发。文末我会送你一份见面大礼，感谢向善的你。

第一次创业：是深渊还是跃迁

我是一个“80后”，在省会城市一所小有名气的中学里工作，还在较短的时间内获得了“市级优秀教师”称号，有房有车有娃，谁也想不到我会放弃稳定的工作去创业。

一眼望到头的生活，让我感到了深深的焦虑。于是我试图用学习缓解焦虑，考取了国家二级心理咨询师。但这并没能缓解我的焦虑，于是我选择走上了另一条未知的路——创业。

因为自己的教育情怀，我选择素质教育项目进行创业，两年过去了，合伙人熬不住了，她选择了退出，而我仍旧坚守。我开始疯狂地向同行学习，大刀阔斧地重塑课程体系，靠着良好的课程效果，口碑一点点传播开来（我开发出的50%成交率的体验课据说同行现在还在用）。

经营有了好转后，我继续投资自己，学习了管理、营销、股权、商业模式、财务、法务……斥巨资请专业机构的老师进行指导。**回想当初，我做的最正确的决策就是坚持投资自己，我坚信只要自身足够强大，所有的问题终将被攻克。**

原来钱还可以这样赚

凭借着坚持做好服务、做好口碑的行事准则，我开始在同行中崭露头角。因为我深知实体经营的痛，所以我选择毫无保留地把我的方法和经验分享给同行，但是成功的方法不是生硬地照搬照抄，有的同行如法炮制能提升一些业绩，可有的同行拿到实操方案后依然无法落地。

陆陆续续地，开始有同行邀请我去他们公司进行现场指导。一开始出于助人就是助己的想法，我总是免费帮忙。随着越来越多的同行找到我，他们开始付费邀请我，而我也开启了“狂飙模式”，最多的时候一个月要去十几家公司进行现场发售指导。每天睡眠不足 4 个小时，一天横跨 2～3 个省，是常有的事。

就这样，我赚到了知识付费的第一桶金。3 个月的收入竟然比实体创业 3 年的收入都高。我发现：**原来钱还可以这样赚！**

随后，我收到多家商学院的邀请，成为他们的合作讲师。还有 4 所大学邀请我，给大学生讲授职业规划和创业知识的课程。一时间，我成为业内的璀璨新星，光环加身。

第二次创业：扩大规模，是最大的坑

随着我的实体生意越做越好，先后有几十个人想给我投资，跟我合作。我婉拒了大部分人，直到有一位投资者表示自己愿意带人带钱一起加入项目，我才开始扩大规模，建立了新公司，并且将公司的管理权交给了新股东。

后来我才知道，80% 以上的小微企业都倒在了开第二家公司和扩大规模的路上。也正是这个决定，最终让我失去了一直以来珍视的家庭，使我在后来5年的人生中都要忍痛前行。

正当团队准备来年大干一场的时候，疫情来了。一停业就是半年之久，这半年里，由于完全没有营收，贷款还不上，我被花式催债，合伙人也“跑路”了……不怕，我想着过了这一年就好了。

我想到我的一位老师说过的一句话：**创业者就是要有“熬”的精神……**靠着这股精神，我咬牙撑着。

可是，自古以来“众叛、亲离”不分家，被合伙人背叛后，“亲离”接踵而至。所有的所有，我选择一个人抗。

虽然下半年终于可以营业了，我也付出了不亚于任何时候的努力，可是那时实体教培一片哀鸿。与天斗，我终究是败了。

至此，纵使有一万个不甘不舍，创业以来所有的所有，都化为了泡影……

当我从受人尊重的教育从业者，瞬间变成了一天被几十个人骂的失败者，债台高筑，债主临门，我说什么都没有用。我选择闭嘴，咬碎牙咽到肚子里。

每每接到电话，不是催债就是谩骂，整整有3个月的时间，我不敢看手机，甚至害怕听见手机铃声。从那以后，我养成了把手机调成静音的习惯，也不敢发微信朋友圈了。

我理解了那句话的含义：**胸怀都是被委屈撑大的。**

在家的3个月里，我不断复盘，回想自己从前的想法，后悔不已。如果当初没有进行实体投资，如果当初没有接受投资扩大实体规模，如果当时我没有做甩手掌柜，如果当初在本该及时止损的情况下我没有逞能想要东山再起……会不会就不用受这份罪了呢？

在懊悔与自责中我认为自己会一直消沉下去，没想到……

第三次创业：乐于助人，再一次拯救了我

消沉了 3 个月后，我被做心理咨询师的朋友拉去上她的心理学课程，她的课给了我很多力量，我对此很是感恩。怀揣感恩之心，我对她的课程产品进行了重新架构，以及设计商业模式、架构股权、搭建团队。然后在一个月内进行了一场线下发售，我是总操盘手，使她的收入翻了十倍多。于是，我成了这个项目的合伙人、联合创始人，拥有了原始股权。

原来我还是很有用的呀！渐渐地，我走出了阴霾……

我决定把自己做招商发售的优势放大，所以有了接下来这 4 个项目的深度操盘发售。

第四次创业：教培新媒体

10 人联合创业，全部都是业内精英，联手打造**“教培新媒体梦之队”**，瞄准的是教培行业的新媒体转型服务。值得一提的是，其中的一位合伙人，现在也已经是年入千万元的知识博主了。她

是一年前开始全力做新媒体的，让我印象最深的就是她的执着，即使是在除夕夜，她依然在直播。

所以，IP 创业，不是沉浸在辉煌的曾经中“自嗨”，而是你要能豁得出去，敢于行动。

第五次创业：企业培训的操盘发售

接下来，我又做了企业培训的操盘发售，与一家 211 院校的校企联合企业合作。他们公司专门做企业培训和学历提升，在行业不景气的 2020 年依旧营收良好，有不错的客户基础和团队，诉求是：产品重新架构、招商发售、渠道裂变。

我唯一的条件是：加入女性成长的项目。因为我看到了“她力量”开始崛起的市场动向。

没想到数日后，公司老板好友的一句话，彻底推翻了我们之前的产品定位。我当时不明白，为什么一个老板会对一个非专业人士的建议深信不疑？一个项目，如果没有领头羊的支持肯定是发展不了的，揭开表象，背后是我们之间还没有建立起足够的信任。

商业合作和情侣之间的关系是一样的，如果一对情侣在不信任对方的情况下结婚，以后的麻烦事会有很多，更难以善终。我意识到这是一个危险的信号。为了避免以后一系列不必要的麻烦，我又一次选择了止损。

很多合伙人之间，没有对与错之分，更多的是因为价值观的不同而分道扬镳。认清这个现实后，我就少了抱怨，多了接纳。

第六次创业：坚持要做女性成长

我意识到，这一次我一定要找一位对女性成长有坚定信念的合伙人，之后我就遇到了娜总。因为我们都是宝妈创业者，都有着需要平衡家庭和事业的疲惫与痛苦，这让我们更加理解彼此。

于是一拍即合，她负责市场，我负责产品开发和成交。做了几场会销发售后，也有了营收。可是我意识到，线下的流量真的太少了，即使加入了裂变机制，还只是线上大流量的九牛一毛。但娜总是传统企业的老板，没有新媒体营销的经验，于是在和她商量好交付完已经成交的客户后，我们就“和平分手”，各自开启了新的征程。

之后，我调整方向，全身心投入地去做新媒体流量的开发。那是在 2021 年 12 月。

有流量，不变现，不如不做

2022 年 1 月，我把自己关在家里，一个月写了 30 条文案，拍了 10 条短视频，流量渐渐上来了。可问题又来了，我拿什么来变现呢？如何把抖音流量引到我的微信私域中呢？如何在私域中成交转化呢？标准化流程如何打造呢？

有流量，不变现，不如不做。我索性停止了抖音账号的更新。

我又开始全力学习如何去做好私域。我加入了各种付费社群，参与各种社群运营。

在事上练，是学习最快的路径。通过参与别人的项目，练习自己的能力，是最低风险的创业。

我一边学习，一边操盘了两个项目的私域运营，都取得了不错的成绩。

一个是社区团购项目的私域转化和招商发售，2022 年的业绩是前一年的 4.5 倍。

一个是一位企业家读书社群产品的打磨。历时 6 个月，迭代了几十次，我写了上万字的 SOP。

在操盘这些项目的过程中，从公域到私域，再从私域到线下，成交的闭环渐渐被我打通了。我仿佛打通了任督二脉，一边服务企业客户，一边帮助十几个博主做个人 IP 变现方案。我变得越来越有力量！

而比这个更能带给我力量的，是以下这段经历。这也可以说是我的一段**最低成本的成长和疗愈**。

最低成本的跃迁

2022 年，是我成长最快、积淀最深的一年。我读了 100 多本书，写了 100 多篇文章。

我把自己创业和操盘企业发售的经验进行了整理，写了近 20 万字，提炼出了自己的知识体系，比如商业 IP 的“罗盘花定位”，知识 IP 从“0”到“1”一天就变现的“逆向变现体系”。最让我自豪的还是我独创的“飞轮发售体系”，打通了“公域—私域—线下”的整个商业闭环。

于是就有了我的第七次创业。

第七次创业：坚定地做知识 IP

创业，是经历，是磨难，还是跃迁？看看我 7 次连续创业的经历，你就知道了。

- 第一次创业：实体加盟到自主品牌
- 第二次创业：商学院（创始人）
- 第三次创业：心理咨询（发售操盘手）
- 第四次创业：教培新媒体（联合创始人）
- 第五次创业：企业培训（产品经理、发售操盘手）
- 第六次创业：女性成长（创始人）
- 第七次创业：知识 IP 孵化，企业发售操盘，知识 IP 的 MCN。

没有白走的路，每一步都算数。

我最大的特长：**商业发售变现。**

我最大的爱好：**心理学。**

我最大的优势：**知识领域的连续创业。**

科班出身、连续创业、深耕教育，成就了我现在的标签：**知识 IP 变现教练，企业 IP 发售操盘手。**

是什么让我坚定地做知识 IP

实体创业之痛，记忆犹新。创业需要面面俱到，一点思虑不到，就会满盘皆输，**拼的是谁的短板短，适合于木桶的短板理论。**收入天花板高，风险也非常大，常常是“九死一生”。

而职场的底层逻辑是不一样的，**职场拼的是优势，长板足长者胜出，适合于木桶的长板理论。**收入天花板低，优点是稳定，不至于亏损负债。

那有没有一种高收入、低风险的创业，用优势去稳定变现呢？有，那就是做 IP，做知识 IP！

一个人的专业、经历、特长、爱好都是宝贵的财富，通过发掘这些“财富”去打造个人 IP，还不用像实体生意一样需要大量的资产投资。

近两年时间里，我帮 100 多个学员进行了 IP 商业定位，我的学员中：

实体老板通过 IP 放大流量；

需要转型的创业者重新定位变现；

心理学讲师通过差异化定位变现；

爱读书的人，通过举办读书会变现；

擅长组织活动的人，靠卖圈子变现；

企业职员都可以通过一个小技能变现，比如Z帅，一个1997年出生的小伙子，熟练操作AI，我给他的定位是——AI工具提效师。一个月不到，他的副业收入就超过了主业收入。

所以，人人都可以通过做个人品牌，获取流量，把自己的价值放大。

我是如何做到的呢？这是一个系统的打法，我录制了6节课来说明，还有3位学姐揭秘自己的变现细节。作为见面礼送给你，欢迎你扫码报名，就会有老师邀请你入圈学习。

做IP最大的坑是这个

为什么有的IP不能实现高变现？90%以上的人都被这一点给坑了！

做IP，最大的坑，不是被“割韭菜”的坑，而是思维和时间成本的坑。像是下面这些问题：

- 学习了太多新媒体技能，比如如何做短视频、直播，如何做抖音、小红书、视频号内容。其他技能都没跟上。
- 企业创始人做IP，直接花重金招聘新媒体员工，到头来一无所获。
- 流量起来了，却没有变现的产品闭环。

- 每天直播变现，却不能让用户复购高客单价的产品。
- 想转型不知如何选赛道。
- 想创业缺少本钱，有钱投资也怕赔更多。
- 想做副业突破收入屏障，又不知道该如何选择。

哪里出错了？方向错了。

做 IP，我是反着来的：**先做私域再做公域，先发售再做产品，先定制好 IP 方案再出发。**

在过去的 3 个月里，我用自己“逆向变现”的做法陪跑了十几位小伙伴，他们都取得了可喜的结果。多数完成了从“0”到“1”开始做 IP 的闭环；有的 IP 做了一年多，就达成了高价值产品定位；有职场人转型做 IP，28 天完成转型变现；还有拥有流量却无法变现的，完成了公域到私域变现的闭环。

有本财富书籍上说：**你的财富不在别处，就在离你最近的地方。**我觉得很对。

你的财富就在你的私域当中

每个人最忠实的粉丝，都在微信生态圈的私域中，你发个朋友圈，或者私信一下对方，就能瞬间触达。这些人也是信任度最高、最稳定触达的准用户。

所以说，你的财富不在别处，就在离你最近的私域里。

那如何在私域里启动变现第一步呢？我适合做什么，卖什么产品和服务呢？别人凭什么选择我呢？我要如何卖得贵、卖得久呢？你是不是学了不少这类课程，却苦于落不了地？我也曾这样过。

为了转型做新媒体，我学习了将近有10家培训机构的课程，还加入了几个付费社群。我发现他们有一个共同的特点：要么就是卖课程，所谓的陪跑只是简单的答疑；要么就是直接卖资料。而我理想中的课程应该是，课程老师能像我们作为企业咨询师一样，提供商业全案和陪跑服务。

基于我曾给几十个企业做发售的经验，我决定：**做一个真正能够落地变现的商业全案。**私人定制、现场验证，被市场认可的方案才是好方案。所以就有了**“IP定位变现方案班”**和**“IP飞轮发售方案班”。**尝试了两期，取得了用户极大的认可。

于是，我有了更大的决心：坚定地推广，并升级为3天2晚的**“IP全案发售实战班”，宗旨是：拒绝拖延、拒绝内耗、拒绝“自嗨”。**是骡子是马，拉出来遛遛啊，现场就验证你的IP方案是不是可以发售成交。

老学员都知道，**我是一个“轻承诺，重交付”，坚持“长期主义”的人。**

我的原则——把最好的给最早信任我的人。

最不后悔的选择

创业，是深渊，还是跃迁？

对于勇者来说，创业是一场升级打怪的游戏，磨难是来成就我们的礼物。

对于弱者来讲，创业就是深渊。

我虽然因为创业经历了落到低谷的人生，但是我绝不后悔当初选择创业。是创业的经历，让我有了一年顶十年的成长，有了谷底反弹的信心，有了离开不值得之人的勇气，也有了现在的第七次创业——**IP 轻创业的决心。**

“极致利他，相互托举”，是我和伙伴们践行的理念，邀请志同道合的你参与进来！

你，愿意和我一起“一手变现、一手成长”吗？欢迎你加入“米大侠 IP 圈”与我连接。

说了这么多，还没有做正式的自我介绍。我是谁呢？我是：

- “飞轮发售体系”开创者
- 木兰发售天团创始人
- 陪跑 30 多个企业招商发售的发售操盘手
- 陪跑 100 多个素人 IP 发售变现的 IP 操盘手
- 总业绩突破一个亿的“小目标”的创业者

发售只是我的“野生”技能之一，我的主业是“侠义当头”，帮助更多女性实现职业理想，获得高额收入。

所以与我连接可以给你提供以下价值：

- 复制给你素人 IP 一天就变现的方法。
- 分享给你百场私域发售的避坑经验。
- 教给你 IP 发售心力课，让你远离内耗，唰唰赚钱。

欢迎添加我的个人微信与我连接。

咱们高处相见！

变现的能力是

永不过时的能力。

全链路操盘让中年危机转“危”为“机”

李晞榕（Helia）

- 商业操盘手 | 商业咨询顾问
- CEO | 高管 | 团队教练
- 精益数字化商业变革助理副总裁

岁月匆匆过，我们进入了30多岁的年纪，无数的朋友、同事对我说他们遇上了中年危机。大公司、外企裁员，曾经的“白骨精”们，都陷入了深深的焦虑与浮躁之中。常见的疑问是：

- 我们是不是落伍了，互联网流量时代，怎样才能跟上时代的步伐？
- 上有老，下有小，中年人怎样才能不陷入职业困境？
- 我怎样才能保持核心竞争力，踏上人生第二曲线？
- 如果我不能在职场中如父母一样顺利退休，退路在哪里？

曾经的我，也是其中的一员，直到我在**商业全链路操盘大课**中遇到了人生的转机。

曾经的鲜花掌声，如今的门可罗雀

我曾是大家眼中“别人家的孩子”：重点大学硕士毕业，进入世界知名外企做项目管理。作为考证达人，我拥有多项专业认证——澳洲 CPA、PMP、MBTI、VeriSM 数字化转型、一级人力资源师、ICF 国际教练等。17 年间，我曾担任过解决方案架构师、跨国大项目经理、财务运营经理、亚太区培训总监、精益数字化商业变革助理副总裁等多个职位，可以说一直在鲜花中奔跑，直到遭遇了——

在华外企业务不断缩减，多家同业外企宣布裁员，甚至就连本以为是唯一的次选方案——为 CEO 和高管做教练的单量也在大幅度缩水。

大家都深陷在“茫（茫然），盲（盲目），忙（忙碌）”中，空有一身本领，但深感英雄无用武之地，也开始担忧未来，苦苦地思索路在何方。

搭上“跳板”，跨越“荆棘”，踏上“坦途”

从“荆棘”到“坦途”，我所做的只是打开微信，点击了三下。

我们每天都要在手机或电脑上点击成千上万次，但对我而言，这次点击意义非凡。

一个平常到不能再平常的晚上，我按照每天的习惯回复白天没来得及查看的微信消息，没想到点击一下打开了一条长长的推广私信，让我遇见了生命中的贵人！

点击推广消息里的链接，进入格掌门的直播间，短短几分钟，我的直觉、我的第六感、我身上的每一个细胞都在告诉我——这是高人！一定要抱紧她的大腿！然后我完成了第三次点击——报名成为“亿万操盘手私董会”的一员。**就在这一瞬间，我命运的齿轮开始悄悄转动……**

格掌门的“2024前瞻峰会”以及在长沙举办的“IP商业全链路操盘大课”，做了有关新商业全链路的分享，为我打开了新的窗口，使我突破了自己的限制性观念。

在这个流量为王的时代，我们至少有八大红利可以去获取：**IP红利、高客单价红利、私域红利、多元模型红利、内容红利、合伙人红利、精神红利、操盘手红利。**而全域全链路操盘更能达成最大限度的多方共赢。

为企业搭建千万级、亿级操盘的商业模式布局，从产品设计，到品牌营销，到打通流量渠道，到发售，到变现，到交付，搭建出一个多维度、全方位、立体化的通道。这将会为企业带来怎样新的生机与活力呢？

对于企业品牌来说，可以通过多个维度，有生命力地、多元化地将品牌特性呈现出来。例如根据不同的人设、视角，每个企业可以布局不同的IP，如创始人IP、CEO或高管IP、成长者IP，将每一个IP都变成公司的广告位。基于不同的IP设计产品和营销策略，就可以打开更广阔的变现通道。

就在命运齿轮转动的这一刻，我再次感到热血澎湃！心里响起一个越来越大的声音——

我必须顺势而为，收割时代的红利！

从这一刻开始，我的前路豁然开朗。我要做的就是：**结合过往经验及新商业全链路体系，成为商业操盘手，赋能超级个体及企业。**

以上就是“三次点击”给我带来的全部意义和改变，亦让我搭上“跳板”，跨越“荆棘”，踏上“坦途”。但是我从未料到这个简单的动作，还会改变我周围的世界。

19天跨越“0”到“1”，捕获第一桶金

接下来，我要向你展示一个鲜为人知的故事。在这个故事里，普通职场人也可以开启自己的**微创业**。而且，在进行微创业时，我们几乎不需要投入任何资金，坐在自己的客厅里，就能开展业务，并且在很短的时间内就能实现变现。

学为下，习为中，用为上。小试牛刀，我用19天变现了19.3万元。

10月22日，在一个生日聚餐中，我与AT集团全息数字项目总经理达成初步合作意向，快速组成了一个9人的项目团队。在已有产品的基础上，我们重新定位了客户群体，快速搭建了一个客单价为5688元的线上、线下及一年期社群相结合的产品——“全息创富联盟”，以及后续的升单产品“全息+私塾”及“全息+私董”。

7天后，我的团队通过1.5小时的视频号直播连麦，仅针对451人的社群小范围发售，就以4131元的“早鸟价”，成交了31单，实现了12.8万元的成交总额。

11月1日，我们乘胜追击，在产品恢复原价的同时，以膨胀金计划，通过群分享及群发售的形式，截至11月9日开营，以4999元的单价，又成交了13单。

我带领一个“斜杠”团队，用每天不到3小时的业余时间，总计实现了19.3万元的营收。

学以致用，牛刀小试，我成功捕获了第一桶金。

通过小范围的概念验证，之后我与AT集团全息数字项目总经理达成一年3000万元的合作协议。“全息+”系列产品，将基于全息系统，中学为体，西学为用，赋能超级个体及中小企业，打造新商业模式，实现快速变现。我们也在11月11日推出了**“全息+”小程序**，吸引了多家合作商的垂询，目前仍在进一步接洽中。截至12月5日，43位“全息创富联盟”的成员，在26天内，共计创造了591.3万元的营收。

边复盘，边成形，开启职场赋能轻创业模型。

在项目执行过程中，我们边做边总结复盘，收获了全套的SOP，从产品策划，到流量激活，到直播发售文案，到朋友圈引流造势文案及海报，到标准化发售及运营。身为商业操盘手的我，不禁思索：我们这整个项目操盘的方法，应该也可以成为一个高客单产品，那么该如何定价呢？而我们一起“斜杠”创业的路径，也可以赋能更多年龄在30岁以上的职场人，让他们找到自己的次选方案，零成本或低成本开启自己的微创业。

当时，在生日聚餐的餐桌上，我根本不知道自己会取得怎样的结果，但生意就这样起步了。不知不觉，我创造的一切改变了大家的生活和人生状态。但我相信这只是一个开始！

成为人生的操盘手，让热爱的一切梦想成真

在我看来，过去5年间，**没有什么知识体系比“学操盘，做发售”更能带给人惊喜，也更快地能让人拿到结果。**

左手专业，右手商业。商业操盘手要能借由商业洞察，捕捉机会，提炼价值，并用产品帮客户切实地解决问题。能解决多少问题，就能赚多少钱，而你的产品越快速、越精准地解决问题，客单价也会随之拉高。**发售是离钱最近的，也使得整条商业链路变短，快速变现。变现的能力是永不过时的能力。**

在亿万操盘手私董会里，我不止学到了新技能，获得了新的属性，进入了一个全新的圈层，还收获了一群相互支持、互相托举的伙伴们。每一位伙伴操盘的大事件，无论是格掌门还是私董们的其他成员们，都会**极致利他**地用自己的流量帮忙宣传。在创业的路上，我们不需要再去唱《孤勇者》，天天都是《喜相逢》。

只用了短短一个月的时间，我便从焦虑不安的职场人，拿到了人生的主动权，重新成为自己人生的操盘手，重新看到了自己的价值，燃起斗志，再战30年！

下一步，我要将自己在传统商业及咨询领域获得的知识体系及项目落地经验，与新商业及IP全链路操盘发售做一个有机的整合，重新打造一套集诊断、“端对端”商业模式及业务流程梳理、创新/培训/引导工作坊共创、咨询+教练+关键陪跑的战略转型及项目落地体系，从而赋能超级个体及企业实现**商业价值跃迁**。

在本书最开始的章节里，格掌门已经向大家介绍了全域操盘和产品发售的底层逻辑及方法，而我们也向你展示了各自的成功案例和转变。

圆满的人生，不是偶然得之，做到这一点需要我们在每一个关键点上做出正确的选择，也需要我们放下焦虑情绪，把心思投入自己创建的业务和营造美好的生活方式上。

我希望让更多年龄 30+ 的职场人，在我的身上看到另一种发展可能性，可以给大家传递一种信心，传递一个希望。

人生的每一步都算数，我们过去所收获的所有经验，都可以通过新的学习和体验，重新整合，让我们进入新的领域，破圈成长，找到人生第二曲线。

我想用我的亲身经历告诉大家，不管在哪个年纪，30+、40+ 抑或是 50+，只要勇于探索，找到方向，选择自己热爱的赛道，朝着梦想锲而不舍地努力，你就能成为自己人生的操盘手，重新打造人生稳赢全链路，让自己的人生下半程“转危为机”，拥有独一无二的绚丽人生。

岁月不曾在脸上留下沧桑，越挫越勇的个性，只会让生命愈发动人。

四个月迅速出圈背后，我人生的三次转折

文静老师

- IP 线下大课操盘主持人
- 商业声音演讲专家
- 原省级媒体电台主持人

我是文静，一名**IP 发售销讲主持人**，也是一名**资深商业表达力教练**。

为何我对**表达**如此擅长呢？

那是因为我从小就帮家里做生意，与各类人交谈，我还拥有15 年播音主持科班基本功，做过 6 年传统媒体电台主持人，后来离开体制内工作进行个体创业，用了 7 年时间打造个人品牌，练习基本功，做交付，积累案例，养用户的同时养自己。

之后，一次“项目路演”让我吸粉 200 人，30 人当场付费报名。我就这样自己操盘自己，靠朋友圈发售赚到了人生中的第一个 100 万元。

2023 年 7 月，我开始付费学习，破圈，通过一次 IP 主持操盘迅速出圈，陆续收到很多头部 IP 的合作邀请。成为 IP 圈从不为人知到为人熟知的最快案例。被誉为**“IP 圈最懂商业的主持人”**，也是恒星联盟的御用主持人。

但这些看似顺利的经历背后，鲜少有人知道，我的人生曾有三次大的转折。

我人生的三次转折

第一次转折是原生家庭家道中落。10 岁以前，我的童年生活天真快乐、无忧无虑，父亲是国企职员，母亲家族经商，直到父亲赌博，借下巨额高利贷，美好生活才被彻底毁灭。16 岁那年，我曾试图用割腕威胁父亲停止赌博，却也无济于事。这让我绝望地意识到，生活中没有谁是可以一直被依靠的，哪怕是父母，你只有努力去依靠自己。

高考结束后，我来到长沙打工，在一家星级酒店做餐厅服务员。两个月后，我收到了大学录取通知书。最终母亲带着我四处借学费，才供我读上了大学。

整个大学生活，我一直忙碌于社团工作。从学生会干部到校园电台副台长，周末还要坐两个小时的大巴车去兼职教孩子主持，就这样我度过了“充实、富足”的大学时光。

我第一次感受到不需要向别人要钱带来的安全感、成就感。直到大学毕业，我都没有谈过恋爱，但在很多同学陷入迷茫、奔波于找工作的时候，我早早获得了电视台递过来的橄榄枝。

第二次转折是 26 岁时经历的“健康危机”。因为长时间做晚间节目，作息不规律，加上失眠，我的免疫系统出现了异常，在最好的年纪被医生告知需终生服药。

曾经，我想要的东西有很多，但是直到这时我才发现，上天所给予我们的最好的礼物是平安和健康，其他都是锦上添花。我第一次意识到能够健健康康地活着比什么都重要。

26 岁的我，人生还很长，我不能就这样度过。万事万物皆有因果，透支的健康需要修复，我开始重视饮食和作息，少吃外卖，积极养生。健康的生活方式、良好的心态、合理的运动，是保持身体健康的关键。幸运的是，这样坚持了大半年，我身体的各项指标慢慢恢复了正常。

第三次转折是关于爱情和婚姻。在女孩子最渴望婚姻的年纪，我人生中第一次将男友介绍给父母，也第一次见了对方的家长。但后来在各种矛盾的压力下，在深度思考后我们还是选择了分手，而我的前男友在我们分手12天后的跨年夜里就官宣了新女朋友。这让我学会反思，意识到女性的智慧、情商，以及降低对他人的期待，在亲密关系中尤为重要。而任何关系的结束，最好的仪式感就是你能在这段关系中获得成长，具备获得更好亲密关系的能力。

朋友说我有超乎年龄的成熟，那可能是因为在30岁以前，人生该经历的苦难我都经历过了。对此我很庆幸。无论是在布满聚光灯的舞台上，还是在平凡朴实的日常生活中，我都能保持一颗平常心。

俗话说：**“命由己造，相由心生，境随心转，有容乃大。”**世界不变，环境不变，我们脚下的路怎样，不取决于路本身的模样，而取决于我们怎么去走。其实壮年时期经历一些苦难是一个人的福报，这些苦难或来自疾病，或来自事业，或来自感情，甚至是一场濒临死亡的体验。只有经历了苦难，我们才会审视过往，内观自我，重塑人生。虽然过程很痛苦，但这是成长最好的礼物。

从了解自己、众生的真相，慢慢走向觉醒开悟和渡人。**对我来说，人生的每一次转折，都是生命成长的升级，**而决定成长速度的是我们坚定的意志、开放的思维以及自我审视的勇气。

痛苦除了激发自己的潜力，还能让我们在生活中懂得体会他人之苦，保留善意和同理心。

岁月不曾在脸上留下沧桑，越挫越勇的个性，只会让生命愈发动人。

重新上路，势如破竹

从7月破圈学习，大“麦”私董会成员少帅老师的线下课，到受邀主持亿万操盘手私董会发起人格掌门的线下课，之后接连担任“小红书全链路”红人馆璐璐线下大课的销讲主持人，畅销书作家、“女性个人品牌全链路”李菁上海线下销讲主持人，韩老白创业七周年“2024内容新商业峰会”线上发售的销讲主持人，海峰老师“出书合伙人”线上+直播发售的销讲主持人，李菁新书推广的销讲主持人，AI白先生北京线下大课以及高客单少帅线下大课的销讲主持人，等等。

和普通的商务主持相比，IP操盘发售线下销讲活动更考验一个主持人的业务能力。主持人作为一场活动的指挥官，不仅要兼顾流程合理性、环节逻辑性、现场随机性，还需要迅速洞察了解IP和产品的卖点；台前全天主持、听课、和私董会同学进行课间交流，幕后随时对接、修改小组作业，在深夜进行方案讨论。平均每天只能睡4个小时，不仅需要脑力，更需要心力、体力，所以平时还必须好好注意保养，强身健体。

这4个月除了精进商业、操盘、教学交付的能力，我把60%～70%的时间和精力都花在给IP做发售和线下活动操盘上。忙起来的时候，我从早到晚，以三五天为一个周期，从线上线下发售几十万元，到百万元，到破千万成交总额，累并快乐着。

可能很多人认为主持人是一个特别轻松、光鲜的职业，但其实要做好主持人，背后需要付出很多努力，比如要善于观察，善于把握和挖掘活动内容的核心，要细心地照顾到当事人或者嘉宾们的切身感受，还要和观众做好有效的沟通与互动。主持人这个职业对于我来说，每天都需要学习、探索和提高。

主持人也是一个没有借口的职业，因为观众只关注呈现效果，不会去了解幕后的细节，所以主持人需要强大的心理建设和自洽。就算出现各种突发情况，比如设备、流程、策划存在诸多设计问题，你也得把场子圆好。一个优秀的IP发售活动的主持人，不仅能升华场域的贵气感、高级感、品牌感，还能给观众带来更好的聆听体验；能够承上启下，活跃气氛，提高观众长时间的观赏兴致，完成主办方想要表达的信息。

主持人也是一个非常需要责任感的职业，对IP发售活动的主持人来说尤其如此。除了本职的主持工作，IP活动还需要主持人晚上积极参与IP闭门会，竭尽全力地帮IP达成业绩成果。因为拥有这份职业素养，我也收获了合作IP的一致认可。

诸如“金牌主持人”“声音太好听了”“控场能力真强”“好喜欢你的主持风格”“真是一个有才华的主持人，温柔而有力量”“你的主持风格灵活、自然”之类的肯定的评价，层出不穷。

曾国藩曾说：“谋大事者，首重格局。”

格局大的人，懂得欣赏他人的长处，能与他人患难与共，在他人最需要的时候伸出援手；而那些格局小的人，总是见不得别人好，在他人遇到困难的时候，不但不会相帮，反而落井下石。前者，拥有好口碑，人脉越来越广；后者，没有好人缘，道路越走越窄。

真正的强者，懂得欣赏别人、成全别人，知道什么是共赢，懂得合作的重要性，为人处世多为他人考虑，待人接物最是真诚稳重。这样的人，在帮助别人的同时，其实也在不断地完善自己。

记得有一年，我在某书店的公益读书会上偶遇朋友，他说你应该去给高净值人群授课，他们才是你的客户群体，有付费能力，参与免费活动的人付费能力弱。从商业的角度，他说得很对，但影响不了我乐此不疲地参与这类活动，从中看到收获与价值。

正是这种心态，让我在创业路上，无论是与哪个公司、平台合作，都能快速验证自己的价值，即使没有获得眼前利益，也能怀着平常之心去积极共建。比起生命的沸腾和喧哗，我更喜欢厚积薄发。

只要你有信念，慢慢做，目标总会实现。不要觉得为什么我努力了还没有效果，一努力就要看到效果那是小孩子才会做的事，作为一名成年人，保持耐心是非常重要的。

这 10 年，我十分重视 IP 听说读写卖的基本功以及复盘的习惯，周末会到图书馆抄写笔记；坚持读书录音，丰富文化知识；坚持朋友圈输出，锻炼写作能力，已经创作了 280 篇公众号文章。除了基本功，我还不断保持探索欲，与时俱进，积极了解各行业一线商业模式，各方面综合积累。时间久了，我的感知力、即兴表达力、商业思维力都获得了很大的提升。

为什么 IP 需要重视活动主持人的角色

主持人的表现关乎一场活动的成功和影响力。主持人是整场 IP 发售活动中的重要角色，不仅体现在基础的活动流程的衔接和推进上，还有深层次的作用——契合 IP 品牌基调，用贴合的语言，让活动呈现更加丰富的内容、更吸引人，以及随时处理突发状况，让活动得以有序进行。

在一场 IP 活动中，主持人具体有这 4 个重要作用：

第一，主持人是给大家创造好环境的人。符合客户属性的，合适的破冰、热场，比一味地追求热闹更重要。

第二，主持人是活动的指挥官，掌控整场活动的节奏。如果没有灵活的互动、有序的控场，会影响活动有序进行。

第三，参与 IP 与嘉宾的形象塑造，让观众对嘉宾有所了解和期待。成为台上台下的纽带是一门语言艺术。

第四，销讲主持人是 IP 品牌的一部分。主持人优秀的销讲能力可以直接提高转化率。

我有哪些优势

第一，我有着 7 年深耕个人品牌的经验积累，还有做 IP 操盘的经验，懂行业、懂 IP。

第二，我拥有 15 年专业主持人的基本功，既有主持人的专业性、极强的个人亲和力，也有商业基础。

第三，比起传统会销，我所擅长的个人销讲的风格更符合知识付费、创始人 IP 的商业调性，特别是对于拥有高客单价商品的 IP 发售活动，主持人能实现更好的托举，给客户带来美好感受。

在超级个体应运而生的时代，每一个微小的个体，也会有专属的光芒。无论是做 IP 还是操盘手，都是一件持续向内求索的事情。它鞭策你、监督你、考验你、打磨你，支持你去帮助别人，同时也逐步内化成你岁月人生的力量。

还记得十年前的朋友圈吗

自从有了朋友圈，我就把它当成一个日记本，记录不是一种坚持，是一种爱好、一种习惯，而 10 年后，我发现**记录是一种力量**。让我十年如一日地做自己，不隐藏真实的自己，不在意世俗眼中的评判标准，接纳自己，见证自己，不管境遇明媚还是灰暗都始终前行，最终充满力量。这也促成了今天我对教学的理解、对创业的乐观、对学习的热情、对身心的平衡，以及对人生的勇敢。

打造个人品牌的 7 年中，我更像是一个为美好发“声”的传播者。

或许在风和日丽的某天，或是于奔波差旅的路途上，有人能够有缘读到这些别人看来可能无关痛痒，于自己却是波澜壮阔的故事，希望能带给你一些力量。

我是文静，一个懂商业、有温度的 IP 销讲主持人，期待能与你相遇。

每一个 **AI 工具**，都仿佛是阿拉丁神话中的魔灯，**掌握了 AI**，你就拥有了**无尽**的可能。

抓住 AI 时代大机遇，成就非凡自己

十八小艺

- 广东岭南数字经济技术研究院高级研究员
- 十八般小艺 AI 智能体首席产品官
- 设宇宙 AI 事务所创始人兼主理人

我是十八小艺，**“设宇宙”AI设计创始人，AIIP联盟合伙人，AISOP联盟主理人。**

我是一名AI操盘手，曾参与操盘格掌门“2024前瞻峰会”，获得共建团队第一名。就在刚过去的2023年年底，我和AIIP联盟的合伙人一起，用AI提示词工程赋能白先生“2024 AI超级个体新商业峰会”发售全过程，私域引流超过3000人参与其中。

我也是一名人工智能AI工程师，“十八般小艺”AI的首席产品官，组建AISOP联盟并担任主理人，为客户提供AI标准化工具定制服务，探索AI赋能各实体行业。

今天，我们生活在一个充满机遇的数字时代，AI的高速发展正在为我们打开一个前所未有的新世界。AI不再仅仅被用于制作电影中的科幻元素，而是已经深入我们日常生活的每一个角落。

想象一下，一个普通人，无须经过长期的专业训练，就能使用最尖端的AI工具，随心所欲地进入任何他感兴趣的行业领域，并能做出极其专业的成果。这不是科幻，而是现实。**这种可能性让我们每一个人都有机会突破个人的能力限制，消除行业间的壁垒。每一个AI工具，都仿佛是阿拉丁神话中的魔灯，掌握了AI，你就拥有了无尽的可能。**

我的个人成长经历

我是华南理工大学土木工程和法律双学士，香港中文大学金融管理硕士，妥妥的“三料学霸”。大学毕业后，我进入广州大型建筑事务所就职，工作表现出色，曾参与海上丝绸之路博物馆、广州双塔等地标建筑的设计工作。

2008 年，家庭突生变故，父亲因患癌症突然离开我们。为了照顾年迈的母亲，我毅然辞去稳定高薪的设计院工作，于 2009 年只身回到家乡顺德。由于没有任何人脉基础，也没有家里的经济支持，如何在家乡立稳脚跟，重新发展，成了首要难题。我一时之间陷入了巨大的迷茫当中。

一次偶然的机会，我听说比尔·盖茨花了近 1 亿美元建设智慧住宅，这激发了我对智慧住宅的巨大兴趣。经过深入研究后，我发现国内还没有多少人知道这件事情，于是，我萌生了一个想法——我要跨行进入智慧住宅行业。就这样，我进入了智能家居行业。当时，我之所以有勇气尝试创业，其中一个很重要的原因是，我判断：**任何新的事物都是有红利期的，关键是要抓住机遇。**

就这样，我跨界进入数字行业，从一家只有 70 平方米不到的小门面开始经营，至今已经是第 13 个年头。我现在已经是广州首批国家级众创空间的合伙人，旗下已孵化多家科技公司，取得从零起步到数千万业绩的成绩。目前，我们在广州和长沙均设有城市数字化运营中心，全国数字化服务网点超过 200 家。

回想我 13 年的创业生涯，从零起步，带领三十几人的团队，一年创造了 2000 多万元的业绩，一套智能影院就卖了 200 万元。直到 2023 年，我进入 AI 行业，成立“设宇宙”首家 AI 设计事务所，打造了一门 AI 设计培训课程。我们举办了超过 40 场线下小班课，帮助超过 300 名学员成为行业 AI 设计专家，营收超过 100 万元。

当然，创业路上也有困难的时候，在前几年，我旗下 2 万平方米的联合办公空间“被断了收入来源”，亏掉之前辛苦积累的上千万元的资产。一夜之间，我从国家级联合办公合伙人兼创业导师，变成了天天为房租发愁的二房东。2017 年，我进入联合办公行业，本想尝试跨界跃迁，却遭遇如此重大挫折。不得不说，有的时候，命运总是这样和我们开玩笑。

自 2010 年创业成立第一家智能家居服务公司，我从“智能家居”行业升级到“智慧社区”，从“智慧社区”行业升级到“智慧城市”，从“智慧城市”行业升级到“数字化服务”，从“数字化服务”行业升级到“AI 操盘”。我在整整 13 年的创业生涯中，不断地追逐热点，起起伏伏，曾经历项目半路夭折、合伙人散伙、资金链断裂等困境，却始终没有放弃。现在，我相信自己所经历的一切都是我抓住 AI 时代风口的本钱。

我的成就

2023 年，GPT（全能 AI 对话机器人）横空出世，AI 大时代来临，43 岁的我，选择在和华为任总一样的年龄，重新出发，全力以赴！从零开始二次创业，我亏本转手投资近 2000 万元打造的联合办公物业，关闭所有线下实体门店，向银行贷款500万元，重新组建基于AI技术的研发和运营团队，集中所有资源投入AI赛道。

我以往13年积累的所有经验和优势能力都在AI上全面爆发，仅仅10个月的时间，我就取得了以下成绩：

- 2023年2月，我组建了我的AI研发团队。
- 3月24日，我们推出首个以我的名字命名的AI助理小程序——十八般小艺；4月16日，我发起成立“设宇宙”AI设计研究院，成立首家AI设计事务所。
- 5月到7月期间，我们举办了超过40场AI设计线下培训课程，培训超300个学员成为跨行业设计专家。
- 8月到9月期间，我们开始在全国做公开课路演，覆盖上万人群，希望更多的人可以认识AI，学习AI，实现弯道超车。
- 10月，我们开始探索AI的大规模商业落地场景，与国内知名机构组建“企得乐”AI企业服务平台，主打AI智能名片业务。
- 11月，我加入AIIP联盟，成为白先生的合伙人，此项目的目标是“让AI成为你的商业合伙人”。
- 12月，我以AI操盘手的身份成为江湖格掌门的出书合伙人，参与本书的编纂，与大家一起共建AI操盘时代。

我在持续不停的探索中，使AI不再遥不可及，使AI不再被认为不可落地。

AI 大时代，需要我们每一个人不断探寻，加倍努力！

下面我介绍一下我们的 AI 产品。

（一）新手人群的人工智能线上实操课

帮助你快速掌握 GPT 提问心法和 Midjourney 绘图技巧，提升内容创作和图片设计能力。课程内容包括 AI 技术基础、GPT 心流法、MJ 机器人实战等，确保你能够高效利用 AI 工具，推动个人创作能力达到新的高度。全力打造“设宇宙”AI 同学会，使其成为新手人群学 AI 的第一站。

（二）AI 自媒体 SOP 标准化发售实操课

帮助自媒体 IP 最大限度地发挥 GPT 的作用，为知识 IP、内容创作者、操盘手等自媒体从业者提供个性化的 AI 工作流提示词定制服务。通过一对一的实操指导，让你掌握如何根据不同 IP 发售的具体需求和行业场景，提供标准化发售的提示词定制方案，并通过“十八般小艺”提示词封装服务，让 IP 发售变得无比简单。实操课程内容包括：IP 日常朋友圈提示词、活动倒计时提示词、活动发布提示词、活动火爆提示词、IP 私聊提示词、公开课表白提示词、用户见证提示词等，帮助自媒体在发售和变现方面取得更大的成功。

（三）AIIP 联盟“企业级 AI 培训解决方案”

定制化的企业级培训解决方案，帮助企业团队快速掌握 GPT 和 AI 技术，提升内容创作和营销能力。课程内容包括 AI 技术基础、GPT 应用实战、内容策略制定等，确保团队能够高效利用 AI 技术，推动企业内容营销发展到新的高度。

（四）“设宇宙”人工智能设计线下大师课（2 天 1 夜）

第一部分：文字类 AI 工具的原理和运用

1. 讲解文字类 AI 工具的原理和区别。

2. 讲解使用文字类 AI 工具辅助完成所有文字类内容的写作技巧。

3. 讲解文字类 AI 工具在设计领域的高阶使用技巧。

4. 演示原版 ChatGPT4.0 和原版 NewBing 的应用技巧。

5. 分享如 WPS AI 等辅助类 AI 工具。

第二部分：绘图类 AI 工具的原理和运用

1. 讲解绘图类 AI 工具的操作方式。

2. 讲解如何使用绘图类 AI 工具进行建筑、室内、产品、平面等不同领域的设计创作。

3. 讲解如何使用绘图类 AI 工具创作特定风格及人物。

4. 讲解如何使用绘图类 AI 工具调制个人专属的设计风格。

5. 讲解如何使用绘图类 AI 工具根据客户指定的参考图进行

创作。

6. 讲解四种写咒语（绘图类 AI 工具的提示词）的技巧。

7. 介绍其他辅助室内设计和产品设计领域的 AI 工具。

我作为 AI 操盘手的优势

1. 我是 AIIP 联盟合伙人，我们团队深刻掌握 GPT 运行的底层逻辑，拥有独创系统心法，深入了解 IP 内容创作链条，从定位、选题、标题，到文案全链路的实操，让你全面掌握用 GPT 打造 IP 个性化风格的文案内容。

2. 我是“设宇宙”AI 创始人，通过深度剖析讲解 Midjourney 的绘图技巧，帮助大家打破行业壁垒，让你随时用 AI 生成创意性内容。

3. 我是 AI 工程师，“十八般小艺”的首席产品官。我们通过把所有的 AI 能力在“十八般小艺”上做标准化 SOP 封装，“傻瓜”式交付给客户，真正让客户做到所学即所得，让客户轻松拥有一套 AI 标准化工具——AISOP。

4. 我作为 AI 操盘手，深度参与过江湖格掌门“2024 前瞻峰会”、白先生“2024 AI 超级个体新商业峰会”发售全过程，拥有丰富的实战经验。

结语

十八小艺，希望能成为大家在 AI 设计、AI 提示词工程，及 AI 工具定制领域的顾问专家；成为大家的事业合伙人，一起探索 AI 落地的创新商业模式；希望帮助更多公司、团队和个体抓住 AI 大时代的机遇！

很**感谢你**倾听我的故事，如果只能用一个**关键词**来形容我，我希望它是**真诚**。

原来全力以赴后，收获的都是惊喜

李哲

- 哲善心理创始人
- 心理学赛道操盘手
- 7 年心理咨询师培训经验，学员累计超过 10000 人我知道，一定是前面的内容非常精彩，你才坚持读到了这里。我很开心你翻开了这页书，不知道你是否能想象得到我眯着小眼睛偷偷开心的样子。此时此刻，我们的连接已经开始，希望我们的相识能给你带来一份美好。

我的愿景

你好，我叫李哲，是一名“90后”连续创业者。大学还没有毕业，我就开启了创业之旅，不断尝试和探索不同的赛道和项目。2017年，我成功考取了国家二级心理咨询师，并举办了第一期心理咨询师培训班。转眼间，我已经在这条赛道中深耕7年，服务过的心理学学员累计超过10000人。

在服务的学员足够多以后，我发现了一个巨大的行业痛点：很多人学习心理学，考心理咨询师证书，不仅是为了个人成长，更是为了帮助更多的人，但是**他们并不知道如何才能成为一个有足够胜任力的心理咨询师**。为了解决这个痛点，我舍弃了其他赛道的所有项目，全身心投入心理咨询师培训赛道。在我爱人的鼓励和支持下，我在2021年成立了自己的公司——哲善心理，并确定了一个令我们充满动力的愿景：**打造一站式培养心理咨询师的平台。**

我的成长

2 年多以来，哲善心理逆势增长。2023 年，为了公司品牌能够升级，我作为创始人，持续付费学习。而我最重要的决定，就是加入江湖格掌门的亿万操盘手私董会。

很多私董会同学夸我人缘好，甚至说我是“群红”，我非常感激大家对我的认可和鼓励。而我之所以能够快速在私董会中“破圈”，也要感谢参与私董会项目操盘时全力以赴的自己。

时间拉回到 2023 年 10 月，我们亿万操盘手私董会的发起人格掌门要举办一场万人线上商业峰会，动员各位私董一起参与推广，邀请更多的人报名参加峰会。因为加入私董会几个月以来，格掌门对我们的交付非常用心，我收获巨大，所以我决定全力以赴地支持她。私董们分成了不同的战队，在加入战队的那一刻，我就暗暗下定决心：**我要为战队冠军和个人冠军而战！**

我的努力

活动开始的前几天，我并没有发力，因为我有自己的节奏。那时候每天都会公布个人的战绩榜单，我连续几天连前十名都没有进去，突然有一天，我从默默无闻，一下子跃居榜首，成为冠军。你想不想知道我是怎么做到的？

我的微信朋友圈和社群内的大部分人都是我的心理学学员，

他们基本都不认识格掌门，但他们对我很信任，听我说起格掌门之后，他们都要我讲一下我和格掌门的故事，我欣然分享；并且前一天我在朋友圈中就给他们“种草”过，说我今年最重要的决定就是加入了亿万操盘手私董会，同时也分享了我加入后的收获，做出了真诚的推荐。

接下来，我做的就是**挖掘用户痛点**，因为我的朋友圈里有大量的心理学学员，他们有什么痛点呢？他们在考完心理咨询师证书后，其中很多人都想变现，但是只靠学习心理学知识是很难变现的。于是我告诉他们，作为心理咨询师，想变现不能只学心理学知识，还要学习如何设计产品，如何营销自己等，而这次的线上商业峰会就是很好的学习途径。然后，我紧接着公布有 100 人通过我报名了线上商业峰会，起到了带动的作用。

另外，我还强调我是付费万元加入的私董会，这次峰会中的很多内容本该是私董会内部分享的，但这次完全免费公开。这一点非常吸引大家。此外，我还发了四张我和格掌门的合影，加强了大家的信任感。

就在我为自己连续 3 天稳居个人战绩榜冠军而沾沾自喜时，没想到新的对手出现了。她在一天之内就超过了我，而这时距离比赛结束还有不到 24 个小时，所以我的内心非常焦虑。因为我在朋友圈和社群里连续宣传了好几天，大部分感兴趣的人都已经报名了，这让我去哪里邀请更多的人呢？

情急之下，我开启了紧急求助方案。我在各大社群和朋友圈中求助，同时启用了我 8 年未用的必杀绝技——**微信群发助手，**选择性群发 200 人，求助大家帮我扫码报名。冲刺了几小时以后，我几乎追平了对手，我们双方的报名人数都在 500 人上下。但是问题来了，我的步步紧逼激发了对手的斗志，一夜之间，她再次冲刺到了 1000 多人。我跟她一下子相差了 500 人！这时候距离比赛结束只有不到 7 个小时，如果你是我，此时此刻，你的心情会是怎样的呢？

说实话，当时我非常沮丧，因为我万万没有想到对手会如此强大，我连续几天动员下来的报名人数累计才只有 500 人，我怎么可能在最后几个小时里再动员到 500 人呢？就在我陷入绝望的时候，我想起了我的妈妈。我连续创业 8 年多，无论成功还是失败，妈妈都特别支持我，母爱的力量是我在创业路上的强大支撑，支撑着我面对那些意想不到的困难和挑战。我参加这次比赛，妈妈一如既往地支持我，她一个人就帮我邀请了 100 多人报名，这些人中有我们的亲朋好友，还有很多我农村老家的父老乡亲，当我在后台看到那些熟悉的名字时，我真的很感动。

虽然离开了农村老家这么多年，但是无论我走到哪里，发展得怎么样，那些从小看着我长大的亲人、长辈、乡亲们，都依然这么支持我。这种感动也许只有从农村走出来的人才能感同身受。这种感动令我全身充满了力量，我重新燃起了斗志！即使差距再大，我也要奋力一搏，背水一战！

虽然我和对手的数据相差 500 多人，但是我没有马上冲刺，因为担心对手有防备后再次发力，那样差距还会拉大，我获得冠军的希望就更加渺茫了。为了稳操胜券，我迫不得已采用了“明修栈道，暗度陈仓”的谋略，我要在语言和数据上迷惑住对手。我对她说我已经放弃了，刚开始她还不相信，可眼看离晚上 7 点比赛结束的时间越来越近，而从中午 12 点到下午 4 点之间，我的数据基本没有变动，对手判断我是真的放弃了，所以她彻底放心了。其实我是故意在 4 点之前没有冲刺的，目的就是让对手彻底放松警惕，而且 4 点以后，按照规则，彼此的数据不再公开给对方，她无法判断我是否还在发力，所以我要利用最后的这 3 个小时，全力以赴地冲刺！

我提前部署我的妈妈、我的爱人、我的付费学员、我的团队伙伴，以及几位商业社群的群主，求助他们帮我邀请更多的人报名。我嘱咐他们一定要在下午 4 点以后开始冲刺。同时我再次启用群发助手，选择性地群发 2000 多人求助。

我有一个近 500 人的心理学学员群，群里的很多学员都在帮助我，其中有位学员帮我邀请了 55 人报名。看着我的数据在飞速增长，和对手越来越接近，我充满了信心。但就在我认为我一定会成为个人冠军和团队冠军的时候，意外发生了！

在距离比赛结束只有 25 分钟的时候，不知为什么，对手突然发现了我在冲刺。那时候我的报名人数已经突破了 1000 人，和对手只有不到 100 人的差距，如果她的数据不再增长，我一定会夺得冠军！但是她的行动特别迅速，紧急求助她的团队再次发起冲刺。那一刻我特别焦虑，但是我没有放弃，我调动我身边所有的人脉资源进行最后的冲刺。最后一分钟时我还在发微信求助。

我的真诚

拼到最后时刻永不放弃的我，感动了我战队中的伙伴们，他们称赞我为“无冕之王”。我很感谢他们的认可，同时也感谢那个真正做到了全力以赴的自己。最终我助力我们战队夺得了团队冠军，我夺得了个人亚军，荣获了“顶级影响力大使”的荣誉称号。

格掌门看到我如此全力以赴地支持她，送了我好多礼物，我还是第一次收到同一个人送的这么多的礼物，其中最重磅的大礼是——格掌门专门请做商业访谈的专业团队，在长沙对我进行了一对一的专访。格掌门采访了我操盘心理咨询师培训赛道和心理IP的经验，我也借此机会向她请教了如何才能放大我们赛道的势能，去帮助更多需要心理学的人。

她说：一个有心理问题的人，需要被看见和理解，需要更多的体验，而不是被教育。我非常认同她的说法。她在专访中问我为什么会如此大力度地支持她，我笑了笑，说真诚的人彼此吸引。

那次比赛结束之后，私董会里的很多人主动和我连接，还有人成了我的心理学学员。**原来全力以赴后，收获的都是惊喜。**

我是李哲，很感谢你倾听我的故事，如果只能用一个关键词来形容我，我希望它是真诚。期待和你产生更多的连接。

所谓**打造 IP** 的过程，就是

活出自己、活出影响力

的过程。

活出生命影响力，成为超级个体 IP

詹欣圳

- 引力计划创始人
- 高端商业 IP 顾问
- 百万发售 IP 操盘手

前言

成为超级个体就是搞流量吗？打造 IP 就是拍短视频吗？作为一个帮助过 IP 变现超过 7 位数的 IP 操盘手，我并不这么觉得。

从我操盘过的拿到结果的 IP 身上，我发现他们都有一个共同点：**有强烈的愿力和初心。**他们想通过自己的产品、自己的生命故事去影响和帮助更多的人。

在帮助这些 IP 打造影响力的过程中，我更加意识到，**所谓打造 IP 的过程，就是活出自己、活出影响力的过程。**一个 IP 真正的影响力是可以影响到更多的人，让他们的生命也有机会向上发展。我想以我的生命故事以及我帮助 IP 操盘的经历，来分享我对打造 IP 的理解和体验。

温馨且坚韧的童年

我是詹欣圳，一个在深圳土生土长的潮汕青年。虽然我出生在深圳，但我家只是一个普通的小康家庭，除了父母，还有四个兄弟姐妹，我排行第三。

父母做着传统的粮油批发生意，寒暑假但凡有空，我都会去父母的店里帮忙。父母是卖大米的，所以我可以说是扛大米扛大的。有时我会开玩笑，我从小就很有“米”，小时候经常一扛就是一货车。这样的生活经历，也造就了我吃苦耐劳和隐忍的性格。

而父母从来不强迫我们能做什么、不能做什么，更多的是顺从我们的意愿，让我们自己选择要走的路。这造就了我从小到大强烈的个体意识，我坚信：自己的人生就要自己去做决定。

现在回过头来看，我觉得我的童年生活还是非常温馨、幸福的。但也许是因为我从小干了太多苦力活，有一颗很小的种子早早地埋在了我的心里：**我一定要好好读书，早日出人头地，闯出一番自己的事业！**

高考失利的少年

年少的我并没有因为帮父母做生意而落下自己的学业，反而我很自觉、很认真地学习。当时我心里想：我长大以后再也不要搬大米了！尽管如此，我在高考的那一年，并没有考上自己理想的大学。

高考失利的我以为人生从此就要这样在失败中度过了，但在一次机缘巧合下，哥哥让我去北京，以实习生的身份参加一场活动。直到现在我依旧记得很清晰，那场活动叫“国际青年能源与气候峰会”。在那里，汇集了许多清华大学、北京大学等高校的优秀大学生。

在和这些大学生一起筹备这场活动的过程中，我才突然醒悟，学历真的只是人生的一部分，我并没有比这些清华、北大等重点大学的大学生差很多，我完全有能力去创造我以后的精彩人生。

人生的路还有很长，我没有必要在高考这件事上浪费我的生命，我应该继续追求人生的下一个目标，挑战自己！

奋斗不止的大学生活

上了大学后，我知道我需要不断努力才能变得更优秀。于是我不断地参加各种社团活动和比赛来锻炼自己，加入各种社团组织学习前沿的商业知识。

不知道为什么，我当时就有一个念头：**我要成为一名优秀的民族企业家。**也许是因为我的身体里流动着潮汕人的血液。但我知道光有知识是不够的，还需要参加各种商业项目积累经验，于是我在大学期间就开始做各种小生意。

大三那年，我开启了我的首次创业之旅，创立了一家会展活动公司，专门给各种企业做活动。但可惜的是，年轻气盛、缺少经验的我，创业最终以失败告终了。

折腾不息的年轻人

毕业后，我进入了一家上市互联网公司，负责过恒大、万科等商业营销策划。但平凡的工作安抚不了我那颗不甘平凡的心。

工作不到一年，我又开始了自己的创业之旅。我自学编程，再次投身创业，开发了一个习惯养成类的小程序，目标是帮助更多人养成早起习惯。那个小程序帮助了超过 1000 人养成早起习惯，累计早起打卡 30000 天。

但是不到一年，缺乏商业经验的我，事业再次因为无法持续变现而以失败告终。

经历了多次失败，我依旧不认输！我屡试屡败，屡败屡试，依旧在创业奋斗的路上一路向前！

人生的至暗时刻

2021 年，我的人生进入了至暗时刻。一场突然的意外带走了我的家人——我最可爱的妹妹。妹妹虽然是家里面最小的孩子，但她很小就懂得照顾兄姐，帮助父母。她是一个充满了爱、天真、纯洁、善良的女孩。

妹妹比我小一岁，年纪相近的我们从小就玩在一起，还就读于同一个年级，幼儿园、小学、初中、高中，甚至是大学，我们都在一起。

从小到大，无论是学习成绩还是其他表现，我好像都比她好一点，后来我在想，也许她一直在我的“阴影”下长大。但是让我很欣慰的是，她长成了一个非常自信帅气的女孩。无论是男生还是女生，大家都很喜欢她。毕业后，她成为一家教育中心最年轻的导师，她是那么深受学员的喜欢。这些年来，我一直看着她站在台上发光发亮！

她是那么的善良，哪怕是别人因为她而难过、而担心，她都不愿意，所以她总是把自己的烦恼藏起来；她是那么贴心，总是用她那颗敏感、善解人意的心去帮助朋友、支持朋友；她又是那么的勇敢，虽然她内心也有很多害怕的东西，但是她真的把别人看得比自己更加重要，无论有多么困难，她依旧选择无条件地去帮助身边的人。

可这么好的她，却永远地离开了我。

生命的觉醒时刻

妹妹的离开，让我意识到死亡是可怕的，但我觉得更可怕的是，还没有好好活过就已经离开。然而在我看来，我的妹妹是真切地活过的，活得比谁都精彩、闪亮，活得那么帅气、那么漂亮、那么有影响力！

我并没有一直沉浸在悲伤当中，经过几个月的调整，我重新振作出发。因为我知道，对于妹妹来说，她比谁都希望我过得幸福、快乐、开心。我知道，怀念一个人最好的方式，就是像她一样，活出她的精神，活出她的使命！好好地用自己的生命，活出最灿烂的模样，这也是对已经离开的人最大的爱与尊重。

妹妹的离开让我意识到，也许生命没有明天，重要的是看今天我能对这个世界产生什么影响，我要如何更有意义地去使用我的生命。

生命的抉择与下一步

2022 年，在合作伙伴的支持下，我获得了数百万元的天使投资，开启了新的征程，创立了一家名为“引力计划”的公司。**引力计划旨在帮助那些有愿力去影响世界的人。**我们通过直播、短视频等互联网的宣传方式，去帮助他们打造更大的影响力。

在我的生命里出现过很多有影响力的人，这些人时时刻刻影响着我的生命走向。这些人中有我的妹妹，她的影响力不是她有多么厉害、多么强大，而是她有一颗纯粹想帮助别人的真心，这也激励我用真心去帮助那些有愿力想要影响世界的人。除了我的妹妹，另外一个对我有很大影响的人，是我的人生导师 Peter。

我记得，我在给 Peter 拍摄他的人生故事的时候，我再一次被他的经历所感动。他用 30 年身体力行一句承诺，时时刻刻不忘他的梦想——去盖心灵的大楼。他用生命不断地告诉他的学生，要醒觉、要突破、要给出去、要勇敢迈出人生的下一步。

记得他的故事片发布以后，我的整个朋友圈都在转发。我知道，我们通过他的人生故事，让更多人有机会、有勇气迈出了人生新的一步，我们通过这个视频影响了更多的人。

正是这些人对我生命的影响，让我也愿意去成为一个有影响力的人。

支持更多人活出生命影响力

带着这份愿景和初心，这两年来我一直带领团队帮助那些有愿力的老师，去打造他们的 IP 影响力，通过互联网传递他们的理念和知识。除此之外，我们还帮助一些有梦想的普通人，通过短视频的方式打造他们的影响力，并且帮助他们拿到了不错的商业结果。

这里的影响力，不是我们世俗定义上的出名、有流量。很多朋友觉得他们得有几十万粉丝，甚至几百万粉丝，才能够去影响别人，才能拿到结果。但我想说：不是这样的！

我们协助的这些老师和朋友，他们并不一定有很多粉丝，但他们有一些共同点——都有一个愿景和初心，期待借由自己去帮助或影响更多的人。也正因为他们这份初心的感染，我也愿意去支持他们完成他们的梦想。

我深知，真正的影响力，从来不是有多少粉丝，也不是视频有多少播放量、多少点赞；真正的影响力，**是我们通过这些视频、这些产品，去影响了多少人，去触动了多少人的灵魂，从而让大家有机会展现不一样的生命魅力。**我知道，这才是真正的影响力。每每看到我们打造的内容正在影响着更多身边的人，这让我更加肯定这份事业的意义。

结束语

这就是我为什么创立“引力计划”。因为我始终相信，每个人都像天上的恒星，每个人都有他的引力，只要你找到自己的愿力，你的生命一定会发光发亮。

所以，如果你有一个愿景，有一颗初心，**我邀请你在有限的生命里，打造你的引力。而我也愿意在我有限的生命里，去支持更多的人活出自己，散发无限影响力！**

想要**赚钱**就一定要快人一步，向有结果的人快速**付费学习**并拿到结果。

二十年创业路，年变现九位数：私域成交，成就人生

私域张少帅

- 深长润集团董事长
- 实体私域增量军师
- 全域流量总操盘导师
- 心流跳动传媒控股创始人

持续前进的动力

想要掌握私域变现密码的伙伴，你好呀！我是私域张少帅——这是我在自媒体上做 IP 时的署名。我的本名是张少伟，是心流跳动传媒创始人。我有着 20 年一线城市的创业经历，曾跨越多个商业周期；还有着 12 年电商团队管理、8 年私域运营实战经验；曾带领 300 人的团队，玩爆 9000 个微信号；也曾取得年变现 9 位数的战绩；还是原创“私域变现爆单王”课程的主讲。

但这些并不足以称道，最让我骄傲的是——我是两男两女，两对双胞胎，四个孩子的爸爸。他们是上天对我最大的眷顾。创业路上，我就像是大海里的一艘航船，翻过波涛汹涌的浪潮，回到家中，才回归了心灵栖息的港湾。**家庭的温暖是我持续前进的源动力。**

在旁人眼里，我家庭幸福、事业有成，是人生的大赢家。但回首这 20 年创业历程，我的人生并不是一帆风顺，也有一段鲜为人知的曲折经历。

不为人知的曲折

1986 年，我出生在广东潮汕的一个小镇上，父母是敢打敢拼的生意人，父亲一直在不同的生意领域摸爬滚打，从瓷片、煤炭到茶叶，家境一度比较富裕。然而，命运的车轮在我 13 岁时发生了翻转，父亲被茶叶合伙人骗走了所有家产，一夜之间家里负债累累，从此家道渐渐中落。每每看着上门催债的人，言语刻薄、恶语相向的情景，我那颗幼小的心灵就会被深深地刺痛。被人看不起的感觉，实在太让人难受了。

从此我就暗暗下定决心，要为父母分担家庭重担，要出人头地，要为家人争光，要改变家庭的命运。于是在17岁那年，我不顾父母的反对、亲戚的劝说，毅然辍学，来到了我的第二故乡——深圳。

这是我生命中的第一个关键选择，深圳是我梦想的起点，也是我们家庭的转折点。

2003年，我怀揣着父母东拼西凑，用报纸包着的2000元钱来到深圳。刚开始的时候真的很不容易，我们五六个人挤在不到30平方米的城中村的出租屋里，夏天会热得跑到天台上睡一晚上。冬天没有热水，夏天没有空调，**那是一段我无法忘怀的艰辛逐梦、激情燃烧的岁月。**

那时候我资源匮乏，但是头脑还算灵活。潮汕人的特性就是不愿意打工，而要自己当老板，于是我来到当时深圳最繁忙的深圳罗湖口岸，在报关行里做起了外贸生意。起初，我利用国内外的贸易信息差，帮海外的订单对接国内的工厂，来赚取差价。后来资源日渐丰富，我开始涉足电子产品领域，主要经营集成电路板、数码电子3C产品。

时至2008年，经过5年的艰辛努力、刻苦奋斗，幸运的是赶上了时代的风口，我取得了一些小成绩，赚到了人生中的第一个一百万。感恩深圳这座年轻而伟大的城市，给我们这些“草根”创业者提供了逆袭的机会和成长的沃土。这一刻，我感受到命运轨迹的转变，让我更加坚定创业经商，改变家族命运的信念。

顺应时代的发展

时代的浪潮滚滚而来。2010 年是电商如火如荼的一年，身处浪潮中总能感受到波澜，于是我决定从外贸转型到国内电商。我不停地参加培训，在当年最火热的各大培训公司，如聚成、单人资讯等，不断地进行付费学习，补充自己的专业知识和认知。

2011 年，我终于开设了线上淘宝店，产品主要涉及当年非常火爆的平板车、蓝牙耳机、手机壳等热门品类。在时代的风口和自己不断的学习精进中，公司迅速发展壮大，电商售前、售后、行政、管理等各个岗位加起来，已是上百人的团队规模。

人生如逆旅，我亦是行人。在电商领域，我用自己的实践诠释着这句诗的深刻内涵。“在风口下猪都能飞”是当年最流行的一句话，可是风口过后却是一地猪毛。

时至 2015 年，电商行业已经开始内卷了，各大品牌商竞争激烈，电商流量越来越贵，付费投流 ROI（投资回报率）常常入不敷出，同时团队又出现了臃肿化，人员工资、房租、税费已经压得我喘不过气来，我再次陷入了人生的迷茫中。焦虑、困顿，我急切想要摆脱这样的恶性循环，也深刻地明白变革创新必须靠自己。那段时间我经常辗转反侧，每天想得最多的就是如何带领企业走出困境。

不断突破的变革

热爱学习、善于思变、敢于付费破圈——是我创业经商的座右铭。我深知学历低是我的短板，深知知识付费的价值，所以我始终非常热爱学习，同时也乐于分享。我总结出这些年我能够抓住趋势风口、赚到时代红利的核心理念就是——**认知差 + 执行差 + 时间差。**想要赚钱就一定要快人一步，向有结果的人快速付费学习并拿到结果。

知识是知道，智慧是做到。我立志做一个知行合一的人、用智慧解决问题的人。

果然，梦想的路上总有变革者的一席之地，让我在思考、调整、奋起中，逆境重生。在 2014 年到 2015 年间，微信社交软件的活跃兴起，让我看到了突围的商机。

当时，我们电商客户会引流一部分到微信私域里来做售后服务，然而在售后服务的过程中，我们发现在微信里成交、复购比在电商平台上更加顺畅。于是我开始注重在微信上做私域流量，同时还拓展了私域里更畅销的一些快消品，主要是化妆品、护肤品、日用品，通过私域一对一私聊运营转化成交，业绩非常突出。

此后，公司愈发重视私域流量，同时也在私域里大规模引流和裂变。也就在这个时期，我们团队做废了几千个微信号，踩过无数的私域坑，也总结出了社交媒体背景下私域成交的一些底层逻辑和规律。

私域流量成交和电商主动购买的逻辑完全不同。**私域是熟人经济，基于信任才会产生购买，而信任的本质是深度的连接。**如何产生深度连接呢？那就需要与微信好友进行多次、多维的触达。在我们的团队实践过程当中，我发现，**一对一私聊是与客户产生深度连接的核心关键。**

新加的好友如何去破冰暖场，避免尬聊？如何用几句话引起好友和你继续聊下去的欲望？新加的客户，如何去做客户分类，如何去做客户标签，如何抓潜促活？1个人如何轻松自如地同时和100个人聊天？还有如何发起话题、激活老粉？……这些在私域成交变现中常见而又无法回避的问题，都在一对一私聊成交模型中得到完美的解决。

我们在8年的私域实战运营中，掌握了一套标准化、流程化、系统化的私域成交模型，加之现在自媒体公域流量的加持，**实现公域流量+私域留存+发售成交变现的全域闭环。**

坚定不移的使命

这一路走来，我深深地明白，只要你勇敢去追求梦想，命运终将眷顾你。**在这个最好赚钱的时代，选择往往大于努力，定位**

往往大于勤奋。私域操盘手、公域操盘手，抑或是全域操盘手，是未来 5 到 10 年最有价值的职业。

如今，我的使命是做一个私域领航员，我要将这 8 年的私域实战操盘的航海经验转变成一系列的宝藏课程，借助自媒体的望远镜，放大课程的影响力，让更多的知识 IP 和实体企业在私域的海洋里一帆风顺，满载而归，同时赋能更多的私域操盘手扬帆远航，直达成功的彼岸。

我的私域服务分为三大项，我简单介绍一下，相信能带给你帮助和启发：

第一项，私聊成交爆单王。这不仅是一套系统的课程体系，更是一次实战经验的分享。我将教授给你一对一私聊成交的核心理念、心法、方法，让你能够快速掌握，回去就能实操，拿到实际的成果。

第二项，一对一私聊成交模型陪跑服务。我将和我的团队去到你的企业内部，与你一同进行落地梳理和实战，确保你不仅仅能够获得知识的传递，更能在实际操作中取得成功。

第三项，全案商业 IP 操盘服务。如果你的产品或资源还不错，但不擅长流量和变现，我会通过全案操盘手体系，帮助你做公域引流、产品矩阵设计、私域转换成交等全链路闭环操盘。与你一起合伙做项目，实现我们双赢和多赢的局面。

这就是**我的私域服务三部曲**，希望能够为你的项目提供有力的支持，也很欢迎与你连接。

合作双赢的期盼

写到这里，或许有些朋友对一对一私域成交体系还不太了解。我来简单聊一聊私域的“魔法场景”，**这是专治流量变现难题、让微信好友不再进来后就无声无息流失的秘密武器。**

你有没有遇到过这种情况：微信好友加了你，但是聊天时你却找不到头绪？聊了几句客户就沉默了，再也不知道如何继续进行连接？还有就是手足无措地不知道怎么进行客户分类，更别提如何将潜在流量高效转化成交。

如果你有这样的烦恼，那我的私聊成交模型肯定能成为你所遇难题的神奇解药。**它专为解决千面千聊、流量深度转化、流量重复变现以及高效私域转化成交的问题而生。**在私域成交的最终关头，一对一私聊是关键步骤，而对于高客单价的产品而言，通过私聊实现精准、高效的转化显得尤为重要。

无论你是自媒体上的超级个体、公域赛道的 IP，还是实体企业老板，我深信私域服务定能为你提供有力支持。我独创的一对一私聊成交体系 SOP（标准作业程序）有详细操作指南，通过调研客户行业需求、梳理常见问题回复模型，并运用 SOP 将私聊成交的整个过程进行分类回复，以确保不漏单，提高转化效果。

这是一套以一敌万的成交私聊模型，我们团队怀揣着一颗利他之心，将知识和技能系统化地分享给真正有需要的人，实现合作双赢。

这就是我的故事，以小镇为起点的 20 年创业经历。期望我的私域实战知识能够为更多的人提供帮助，同时也期待结识更多志同道合的朋友。

我是私域张少帅，真心感谢你能看到最后，我们的缘分从此开始了。

当今时代，**健康**是最大的课题，从身体到心理，我们都将迎来巨大的变化和前所未有的挑战，**爱自己**，我们别无选择。

从娱乐圈转型大健康IP，我喜欢自己在利他赛道发光的样子

大表哥许添

- 12 年健康美食节目主持人
- 从轻断食到身心灵领域头部博主
- 带领上万人从减重开始重建自我认知，活出自己

我是**许添**，人称**大表哥**，从 2011 年开始**主持健康美食节目**。

你可能看过我的节目，包括中国教育电视台《东西这样吃》，旅游卫视《美味人生》，光线传媒《生活魔法师》《明星爱厨房》，青海卫视《白云餐桌》，优酷《爱玩大表哥》，等等。这些年，我与数十位专家合作，邀请了数百名艺人，制作了数千集节目，把**“自然舒食每一天”**的健康理念通过屏幕传递给千家万户。但生活中，我却是一个不那么注意健康的人。

大家都知道，娱乐圈中节奏很快，压力也大，作息颠倒但充满新鲜和刺激。我是一个工作狂，非常享受这个圈子里的生活。除了主持节目，我还是老板和制作人，创立和管理的传媒公司有将近 200 人。除此之外，我写书，拍电影，做演员，当导演，发唱片，录广播，签艺人，谈客户，做供应链，做品牌，卖产品，每天工作都排得满满当当。这样的生活也是十分精彩。再加上我是一个超级喜欢到处吃、到处玩的大“吃货”，中华各地美食照单全收，最爱的还是环游世界，至今已经“吃”遍 50 多个国家和地区。二三十岁的时候天天这样身体倒也吃得消，**随着年纪的增长，很多问题就都暴露出来了。**

首先，我发现自己近些年来的体重，已经处于一个偏胖的状态。我身高 176 厘米，印象中，多年来我的合理体重是在 125 斤左右，但这几年，这个数字变成了 140，而且动不动就超过 140，直奔 150 而去。随之而来的亚健康状况非常明显，平时总是乏力、精神倦怠、容易水肿、皮肤暗黄、大便溏稀、身体酸痛；体型就更不用说了，屁股大，腿粗，腰上全是赘肉，脸也毫无轮廓，五官扁平，脸颊滚圆，就一个字——丑。拍照只能用美颜效果，根本没有勇气使用原相机。而且因为那段时间工作受影响，我也不需要录制节目，人更是越来越堕落，但却不自知。

忽然有一天，我接到湖南卫视《我是大美人》一个新媒体拍摄邀约。当看到高清设备的拍摄回放时我惊呆了，一胖毁所有。在和对方表示歉意之后我果断地暂停了这个工作，立刻打电话给我的营养医生傅国翔老师，告诉他我要立刻——马上——瘦下来！而且要健康，不打针，不吃药，不节食，不能伤害我的身体，当然能不运动就更好了（不运动这一点，不鼓励，但我实在是天生不爱运动）。

傅老师毕业于加拿大阿尔伯塔大学，营养学专业，后在北京大学医学部进修。我们在一起搭档主持了很多年，他目前在上海某医院担任营养科主任。收到我的求助后，他立刻给我出了一套解决方案，还安慰我说“小意思，很简单”，他在医院接诊过太多像我这样的人了，还开玩笑说健康节目主持人怎么能胖成这样呢。然后叮嘱我这一次一定要下定决心，彻底改变，不然都对不起他给我免掉的1500元的挂号费。我当然听话照做，于是，迎来了我人生中第一个**7日轻断食**。

就是从这个7日轻断食开始，我命运的齿轮发生了变动。

首先，我**轻轻松松就减重10斤**，整个人瘦了一圈。傅老师为了鼓励我，让我又坚持了7天，所以我其实是坚持了14天，体重从150斤减到136斤，后期体脂秤数据显示，减重部分里脂肪占了将近10斤（但是，我不太建议第一次采用轻断食方法减重的朋友直接做14天，还是尽量从7天开始尝试）。

其次，我感觉自己的**整个身体健康状况有了很大的改善**。身型自不必说，肯定是轻盈了；皮肤也变好了，不容易过敏了；牙龈不出血了，慢性咽炎和鼻炎也改善了，不会一直感觉鼻咽处黏黏糊糊的；舌苔正常，大便也正常；我身上一处小时候扭伤带来的常年肿痛都消失了；体检数据恢复正常，睡觉特别香，每天早睡早起精神也特别好。

有了这些好的变化，我整个人恢复了自信，重新和节目组联系拍摄，他们看到我的变化也都惊呆了，纷纷问我用了什么方法这么快恢复状态。看到这么多人都在问我，我索性把整个故事拍成视频，发布在了小红书上。然后，这篇笔记收获了8000个点赞，也让我新增了8000个粉丝。他们纷纷在笔记下面询问我进行轻断食的细节，报出自己的身高体重，讲述着自己的健康困扰，想问我他们是否也可以尝试这种健康的饮食方式。

那一刻，我又找回了当年主持健康节目时的那种责任感和使命感。于是，我开始大量地查阅专业书籍和文献，又和傅老师一起给大家录制了很多答疑的视频，并且开启了我的直播生涯。2022年，我整整播了200场。

慢慢地，我掌握了很多通俗易懂、深入浅出的表达方法，比如：7天轻断食其实就是给身体做一次大扫除，就像我们家里每年过年前也得清扫一下。日常也可以做一些**6+1 轻断食**，每周只需轻断食一天，就像日常的卫生清洁。

另外注意：**7 日轻断食**一定要在专业人士的指导下进行，而且我们还有**7 日复食**，以及针对个人具体的亚健康状态所做的后续饮食方案，每个人的方案都是不一样的。

改变饮食习惯，是做好健康管理的第一步。

7 天轻断食，表面上看是减重减脂，但深层逻辑是**启动你的细胞自噬**，让你的身体焕然一新，所以你才能感受到除了瘦之外更多的身体状况的改变。7 日轻断食也有适用人群，孕妇和哺乳期女性不要做，虚弱和疾病中的人不要做，未成年人和年长者也要慎重。如果你现在血糖、血压、血脂偏高，可以尝试用轻断食的方法改善健康状况，但是如果你现在已经被确诊糖尿病等疾病，那你还是要咨询一下医生，你是否能进行轻断食，因为每个人的情况不一样。

轻断食可不是节食，它是一种和自己身体的和解。轻断食结束之后，你会养成好的饮食习惯，从此不再成为垃圾食品的奴隶……

现在，我几乎已经可以独立回答所有关于轻断食的问题了。**7 天轻松减重 10 斤，还让身体变得更健康，实现身心双美好！**这听上去有些不可思议的事情，两年时间内，我带领 5000 多人做到了！在这个过程中，我也考取了**健康管理师证书**，出了**“关于轻断食的 33 个问题”**的课程，我在小红书的粉丝数量也已经涨到了近10万人!

很多娱乐圈的明星拍戏之前都会来找我调理饮食，一个礼拜以后轻松进组，哪怕是对于小体重人群，效果也非常好。身边的好朋友要结婚，要见公婆，要去参加同学会，要去海边度假等，也会来找我，一个礼拜之后实现大变身。春节吃胖了的朋友，更是必须来找我，每年春节后的几个月里，我的**轻断食营**都是爆满。还有那些顽固的大体重人群，跟着我做了2～3次轻断食，3～6个月中直接减重三五十斤，完全变了一个人。更多人在做完轻断食之后感受到身体机能的恢复，从而把轻断食当作一种日常饮食方式。而我在看到他们的变化和他们对我的真诚谢意之后，也真切感受到一种**利他的初心**给我带来的成就感和能量回报。

于是我决定，要把“给别人带来健康”这件事，一辈子做下去。

轻断食是一个切入点，也是一个开始。这两年，我深切地感受到一种使命感。我是艺术专业毕业，但本身却没有那么留恋演艺圈，做过那么多领域，但最让我感到心安和踏实的，就是我做健康内容的这些年。不是我选择了轻断食，而是轻断食选择了我。我想把这个领域做得更加深入和透彻。

有些人也会误解我，说我就是个卖减肥产品的，我也不辩解。《易经》上说“一阴一阳之谓道”，我活到这个年纪，对此还是有些感受的。凡事要能转起来，都需要阴阳平衡。你天天讲健康很重要，营养要均衡，国家营养学会还有膳食指南，只是很多人都不听；但你要是告诉他，能让你 7 天减重 10 斤，他立刻就行动起来了。这就是用“阴”来平衡“阳”。所以，**命运让我选择用轻断食健康瘦身来切入，也是期待之后带给大家更多的健康体验。**

不只是身体，还有心理健康。轻断食之后会带来**体内激素的变化、情绪的改善、自我认知的提升，这些在科学界都已经得到证实。**而我本人也研学相关领域多年，尤其是研究中国传统文化典籍《易经》中的人类图在现实生活中的实践应用，也给我身边很多朋友在个人成长、人生选择、家庭关系、金钱能量、亲子教育、职场互动上带来了很多的帮助，这些也是未来我更加希望和大家连接的内容。

经过多年的实践，对于老天需要我完成的事情，我的身体已经自然而然地发出回应。

2023 年 8 月，偶然的机会我见到操盘届女王江湖格掌门，她一边做自己的 IP，一边教别人如何操盘 IP，半年来，我向她学到了很多。她利他、有智慧，且拼搏，我非常相信她是可以帮助我把这件利他的事情做得更好的人。

当今时代，健康是最大的课题，从身体到心理，我们都将迎来巨大的变化和前所未有的挑战。

爱自己，我们别无选择。一起加油！

直播本质上是**线上销售**，我们从品牌和生意经营的角度去看人、货、场，那就是**降维**打击！

离开字节跳动一年，从直播“小白”成为千万直播操盘手

安琪

- 线上营销增长顾问
- 直播电商操盘手
- “95后”团队管理教练

2021年12月27日，我从工作3年的字节跳动商业化团队离开，两个月之前我刚刚获得字节商业化团队内部"金引擎奖"的"最佳团队管理发展奖"提名，是一万多人的团队中唯一一个培训业务管理者。

关于离开字节跳动后我到底要做什么？我已经规划了一年，答案很清晰。

在供职字节跳动之前，我已经有6年品牌方线上营销增长经验。我善于用最具性价比的方式帮助品牌获得业绩增长。

借助直播的发力，2021年是抖音电商迅猛发展的元年，堪称未来3～5年确定性非常强的赛道。我错过了以淘系、拼多多为代表的传统电商，必须抓住以抖音为代表的兴趣电商。对于天天要给字节跳动的客户以及前端商业化团队做培训的我来说，字节跳动系各产品的流量，以及抖音这个产品，我都太熟悉了。

于是，我决心进入抖音电商这个业务领域做平台生态的服务商，但我创业面临几个业务选项：培训、陪跑、代运营（代投、代播）。

我为什么选择陪跑业务切入

我过往在字节跳动带过几百个学生，我离职后，大家都觉得安琪老师应该是去做培训了，用自己的头衔去赚钱。等到一年之后我跟一些人交流我这一年在做什么，大家才知道我选择了辛苦的陪跑。

原因无他，我只是选择了我的优势能力切入，因为我本就擅长做人才孵化，学习能力、迭代速度都超强。

我想如果我要成为直播专家，就必须亲自下场，而非吃字节跳动的平台光环以及原来的认知老本。

陪跑服务不需要组建多人团队，主要依靠操盘手的个人能力，帮客户操盘拿成果，这种方式是我当下的最优选择。

从零到千万直播间，带领五线小镇团队把不可能变成可能

2022 年 2 月，因为各种原因我没有办法离开深圳去服务同事们已经找好的外地客户。

我一方面抓紧时间学习团队沉淀下来的实战打法，跟原来在工作中所积累的知识理论快速融合；另一方面用客户的视角，把我们陪跑服务的 SOP（标准作业程序）重新梳理了一遍。

4 月，我第一时间飞到山东，迎接我们签下来的白酒客户。

6 月，我 30 岁生日的前一天，我终于完成了我第一个深度陪跑的白酒客户的首播冷启动。

8 月，我带领客户团队第一次参与抖音“818”平台大促，最后该店铺在酒水行业成长榜中排名第二位，获得本次大促该类目第六名的成绩。

之后的时间里，我帮助客户拿到了以下亮眼的成绩：“年货节”280 万元 GMV，“兰陵美酒封藏节”线上单日 50 万元 GMV，爆款单品一年 10 万单、2000 万元 GMV……

从零到年度千万元的 GMV，这是我带领一个五线小镇团队——没有一个大学本科生、成员平均年龄 24 岁的团队——“逆天改命”的故事。

我的内心是自豪的，客户的营销负责人说我是团队的贵人，通过直播卖货，让他们的团队有了平等地与一二线城市的品牌一较高下的机会。一个非名牌酒水的品牌，我们做到了让其在很多时候比很多上市酒企的销售额和人气还要高得多。

我沉淀了白酒抖音直播电商的一整套打法，获评抖音电商产业标杆案例，并且在抖音电商学习中心平台进行了分享。并且，我把这套打法从客单价 200 元的浓香型白酒，复制到了客单价 300 元～500 元的酱香型白酒，同样拿到了成果。

我受邀成为深圳酒协的特邀讲师，给上百个厂家、经销商分享酒水直播电商的流量密码。

至此，**我因为一个成功的客户操盘经验，形成了自己的方法论。**

服务一百个客户，不如服务一个成功的客户。当你服务了一个成功客户，你会积累最宝贵的实操经验。关于短视频该如何给直播引流、直播间怎么组货、主播怎么带货、投流怎么做……针对这一切，我都有了足够成功的经验做支撑。

与此同时，我开始思考**品类**这件事情。酒水品类的优越性有：高复购率、高客单价、库存影响小、毛利高、退货率偏低（15%～20%）、包装精美，很适合在直播间中呈现，有历史文化，很适合通过短视频讲故事。

选好行业赛道，就成功了50%。果不其然，我又陆续服务了山东的七八个区域的白酒品牌，都帮助客户达成了业绩目标。

我能做到，也能教人做到，月销千万不是偶然

我一直是一个追求底层逻辑，不甘于躺在舒适圈中的人。当我把一个品类做透，我就想，我是不是可以把经验复制应用到其他品类上？

做好抖音直播的逻辑大家都知道，就是：人、货、场。

首先要考虑的是**货**，我总结了从三个分析维度去判断货品到底有没有优势。

目标：拓量 or 赚到大钱。

行业分析：抖音市场上的玩家情况如何？传统电商平台的其他同行入局了吗？

竞争对手分析：从已入局的客户中选择能对标的3～5家，分析其产品定位和价格、产品的品类和质量、产品的价值感（而非绝对的价格）。

其次是**团队**，第一是在镜头前的**主播**，我总结了**主播话术讲**

解能力的三个层次：

第一层次，能流利清晰地把产品讲完；

第二层次，能有场景化提炼、具体化讲解、生动演绎，击中有需求的人；

第三层次，能点对点做销售，进来一个人就想方设法与其成交。

除了主播，还有中控、直播运营、投流手、店铺运营、客服等岗位，不同的直播间需配置的最小人力结构有所差异，大家如果有需要可以扫码找我领取一份团队搭建配置的SOP，用最小的人力配置控制成本才是王道。

最后是场，要买什么设备、怎么搭建直播间，这其实是比较容易的，但反而让很多老板因为信息差花了好多冤枉钱。

其中，**怎么做背景选择很关键，**核心难点是**怎么通过场景变换，去提高吸引力。**比如展会现场开直播的效果就比在直播间用绿幕抠图好，因为展会可以成为场景的内容供给。

还有很重要的一点是**流量结构。**我会做到根据每种流量结构，教主播承接话术，精细化运营。抖音不管多么内卷，善于精细化运营的人，一定都有机会。

2023年“618”年中大促，我之前在字节跳动的同事把我推荐给了抖音3C类目的一个头部客户，我帮助客户从单日30万～50万GMV，做到单日150万～200万GMV。

客户抖音直播团队有70多个人，我和我的伙伴两个人就完成了交付，在“618”大促期间的20多天中，完成了总量超过2200

万元的 GMV。

2023 年“双 11”狂欢购物节，这次不再是我自己做，我还教会了我的学生。她在抖音个护类目某头部品牌处负责直播运营，用我的这一套方法论，单店完成了 2300 万元 GMV，相较于去年同时段，获得了 100% 以上的增长。

除了这些月销几千万、年销上亿的项目，我还拓展了骑行装备、高端女装、茶叶等类目，均 100% 超额实现了客户的预期目标。

为什么我每进一个新类目，都能快速取得成果

我用生意逻辑、经营视角去看如何赚钱，用品牌营销去考虑产品卖点、直播场景，用人群的深层次需求去考虑如何用内容打动客户。

直播本质上是线上销售，我们从品牌和生意经营的角度去看人、货、场，那就是降维打击！

在营销增长的系统性框架认知基础上，再以终为始开展营销。

第一步：搞清楚自己的定位；

第二步：搞清楚你的目标用户人群；

第三步：搞清楚你的内容；

第四步：搞清楚你的传播触达渠道；

第五步：搞清楚触达如何提升转化。

而增长其实是提升了第四步和第五步的效率：

1. 用更低的成本获得更大规模的人员触达。

2. 触达更精准的人群，提升转化率。

其核心在于：**怎么找到足够多的精准人群**（有需要且有付费能力）。

流量分为付费流量和免费流量，不管是微信生态圈还是抖音生态圈，大家关注的都是这两个话题：

1. 如何提升付费流量的 ROI（投资回报率）？

2. 如何撬动自然流量？

其核心在于：**对于平台流量逻辑和玩法有深刻理解，并且有亲身实操经验。**

做好直播的本质，不是总结一套标准，而是紧紧抓住直播间流量和转化承接效率。做到千万级直播间，不仅是要懂得抖音直播运营，还要深入行业，懂品牌营销。

为什么品牌比厂家做直播更有优势？这是因为品牌有销售思维，在卖货的同时，知道如何彰显自己的品牌定位，去找寻品牌与营销节点的关联，满足和激发用户的需求。

越来越多的人来找我，问我能不能陪跑

对于这些涌来的客户，我会先去看他们的品类、货盘适不适合，老板的预期如何。抱着一腔发财梦，团队不过硬，货品没优

势的客户，我都会直接浇灭他们心中想要暴富的“火焰”，省得浪费彼此的时间。

对于没有明显优势但是很想试错的，我都尽可能帮助他们减少踩坑的风险，毕竟哪个老板的钱都不是大风刮来的。你越真心为他着想，自然越会赢得他的尊重。

为什么市面上很多的陪跑没有效果

跟市面上 90% 的陪跑不一样，我做的是一个“重活”。

- 团队招聘搭建—绩效设计—团队培训
- 直播选品—主播话术—直播策划—起号流量策略—直播间冷启
- 账号定位—短视频内容策划—拍摄剪辑
- 店铺运营—商品卡—投流

这一系列的工作、一整套的流程，都是我的陪跑服务范畴，堪称保姆级的手把手带教操盘。

市面上，专业技巧、实操性强的人，很多都教不清楚；能教清楚的，又搞不定团队管理，很多细节落不了地。相比之下，就体现出了我的优势。

对于很多老板或品牌客户，他们遇到的最大的问题就是不懂专业内容，人一多，业务盘子一大，浪费就出现了。我就是他们的守门人，我也是抖音团队最亲密的战友和老师，跟他们一起打仗，他们对于我的信任甚至多于他们的领导。

真正的陪跑，除了辅导，还要考虑变量增加之后是否需要给出新的建议。做团队和客户的教练，要一针见血地看到问题，给出方向和解决方法，鞭策客户去达成。做乙方的最高境界就是把自己当成是甲方的负责人，你的立场和出发点要与甲方一致，共同解决问题的同时，也能最大程度上积累实战经验。

比赚钱更重要的是口碑，我有靠谱且极致的专业交付，是一个有成果又擅于把能力复制给团队的操盘手。

2024 年，抖音电商、直播仍旧有红利，它可能是过去 5 年中形势最坏的一年，未来 5 年中形势最好的一年。但只要深度耕耘，有增量，能达成的“天花板”依旧很高。

新一年里，我已经接到了合作客户给我抛来的一亿元的销售任务，因为去年成功的合作，让他有了信心，所以新的一年里要与我深度捆绑，并且非我不可。

终于，我从找客户，走到了反选客户的局面。这可真是甜蜜的烦恼，不过这印证了“做好自己，终将花开”的道理。

最后，志同道合的朋友、想做直播的朋友欢迎与我连接，很期待认识你。

若有需求，我将用几分钟一对一咨询帮你判断你适不适合做抖音直播，并跟你分享我的一些避坑指南。

让喜欢的人被更多人看见，

让认可的事**发挥**更大价值，

助力**美好的生命**影响更多的生命。

用心操盘，共筑梦想

阅心教练

- 知识 IP 商业顾问
- 大健康、文旅项目操盘手
- 多盈之道创始人

二

曾经的我，是一个高端康养实体项目的总经理，也是总操盘手。

整个项目投资上亿，从零开始筹建到开业运营，历经三年多，成为当地最有影响力的行业品牌。

在这个过程中，我带着团队从开发市场做起，打通市场、渠道、客户、品牌的所有通道，实现了圆满的商业闭环。

尤其让我自豪的是，虽然身处 2020 年的武汉，但我们不仅克服了各种艰难险阻，在当年上半年总公司全国各地营销回款中位居第一，并且在城市恢复活力的三个月后即实现了项目顺利运营。

我们做对了什么？

倾心打造客户故事，增加客户认同感和忠诚度

我操盘的这个项目定位高端品牌，那么要如何凸显品牌形象，让潜在客户产生认同感，让前期预订的客户产生忠诚度？

我选择了从客户端重点发力。

- 对预订客户的基本情况进行盘点，将符合潜在客户画像的人员列出来。
- 对初选人员按照职业类别、家庭特质、购买需求等因素，进行适当的分类，形成访谈清单。
- 带着品宣人员逐一登门，对客户进行慰问式访谈。

- 将深入挖掘后的个人故事，进行整合编排，形成系列客户故事，通过公众号文章、内刊文章、活动文案等方式对外发布宣传。

- 请访谈过的客户参与特定活动，并拍摄短视频进行传播，进一步在客户心中强化品牌形象。

执行这个操作策略的重点在于：如何整合零散的个人故事，如何深入运用好这些故事资源。

例如，早期预订的客户中，我发现有几位长辈来自部队，于是策划了“陆海空三军齐聚”的系列客户故事，连续刊载，并在八一建军节当天举行专题活动，邀约部队渠道同类型的潜在客户参加，请故事主角亮相分享，极大地提高了这个群体对项目的认可度，也让故事主角客户有了非常高的忠诚度，成为该项目最积极的宣传推荐者。

同样，针对子女在海外的客户群体，一篇主题为“面包土豆比不上热干面”的访谈故事，讲述一对放弃绿卡离开孩子回国的高知长辈的选择，与这个群体深度共情，也增强了很多客户的购买意向。后续，我们又通过活动采访、客户著作推荐等多种方式，不断深入挖掘客户品牌故事，使资源价值得到了最大化运用。

所以，好的操盘手，既要有发现珍珠（优势、资源）的眼光，更要有将其穿成珍珠项链（整合资源、凸显价值）的思维与能力。

精心策划大事件活动，增加流量曝光度和传播性

除了平时开展一些主题性中小型活动外，每逢项目的关键进展节点，我和团队都会策划举办一场大型活动。通过这种高势能的事件活动，保持项目曝光的频度和力度，让品牌塑造具有持续性。

尤其在项目开业前的一个月，我们连续组织了三场针对不同群体的主题活动：

第一场是面向政府、社会、媒体的开业仪式。

邀约项目主管部门、各界知名人士、新闻媒体及重要关联方代表共同参与，主打一个“高大上”的品质氛围感。

这场活动的价值是：强化高端品牌形象，有效传递开业信息。

第二场是面向市场渠道和客户的团圆聚会。

借着新年节庆的时点，邀约了此前对接的主要渠道机构代表、预定客户代表以及一部分意向客户。整场活动主打一个“宾至如归”的归属感。

同时，通过推出现场营销优惠活动，让当场下单预订的客户更有获得感。

这场活动的价值是：体验式营销，让预订客户的口碑和现场体验直接影响意向客户，同时提前营造了一个良好的客户社群氛围。

第三场是面向公司几个临近省份分支机构员工的集体团建活动。

安排组团节目、互动游戏、抽奖、自制美食活动，主打一个团结向上、欢乐放松的享受感。

这场活动的价值是：不仅让员工充满自豪和喜悦，自发地在朋友圈中分享，传递了项目背后的企业文化，还让更多客户看到了项目团队的凝聚力和管理能力，从而对项目更加认可。

这三场活动每场间隔 1～2 周，参与人数都在百人以上，覆盖了项目所有相关人群，形成了很好的累积叠加效应，为项目开业制造了一个传播高潮。

所以，操盘的过程，既要有平时的积累，更要有关键时刻的爆发。

持续行动 + 高光策略，就能有效地将强动能转化为高势能。

用心做好私域服务 + 精准营销，增强客户黏性，确保订单回款

2020 年 1 月，武汉好像一夜之间按下了暂停键。所有的线下活动无法开展，所有的销售人员不能追访客户，对于我们这个非常需要体验、需要深度跟进客户的项目来说，如何进行营销成了非常大的挑战。

在这个时期，为了保证项目预订和回款，我带着团队在私域服务和营销政策上做了很多工作。

一是积极进行线上社群服务和一对一沟通安抚。

为了排解客户居家的无聊郁闷情绪，我们在客户群里安排了

“空中课堂”节目，每天一场。

请餐饮部同事录制家常菜小视频，请活动部同事录制居家健身操、诗词朗诵赏析、“老武汉”主题照片赏析等系列短视频；邀请心理专家开展线上的情绪疏导讲座；等等，让社群服务传递美好和力量。

同时，安排专属人员与独自在家的长辈客户们单独私信沟通，讲解防治信息，做好心理支持，提供一些必要的生活服务助力，让客户们在特殊时期更有安全感。

二是推出精准的预订优惠。针对特定时期客户的需求，除了常规的价格优惠外，还有防疫物资的赠送，相应医护支持服务的匹配等，让下单的客户更有获得感。

三是加强跟单和追单力度。销售人员通过微信、电话，与居家的意向客户加强联系，宣传优惠活动，并针对客户卡点进行逐一突破。

危机，危机，“危”也能转化成“机”。

特殊时期内的这一系列动作，让一些犹豫不定的客户感受到了我们项目服务的价值，加上积极的服务与销售跟进，极大地提升了成交率。

尽管这近3个月里，销售人员完全无法通过线下接触客户，但我们靠着优质贴心的线上服务，创造了奇迹，上半年营销回款过千万，成为全国各地区项目回款的第一名！

在之后项目正式运营时，在工作流程复杂度两倍于正常时期的情况下，首月客户入住数据也再次刷新了总公司的历史记录！

那么，作为项目的总操盘手，带着团队取得这样让人惊喜的业绩，我又做对了什么？

统筹资源：一切资源服务于项目成功的大局，以终为始，系统整合，让资源价值实现最大化。

创新应变：逢山开路，遇水搭桥，激发团队持续创新，才能不断克服挑战、创造佳绩。

全心投入：开业准备期间，全天吃住在公司、过家门而不入，身先士卒才能带队打赢胜仗。

三

现在的我，是一名正在学习和实践中成长的新商业 IP 操盘手。

作为曾经在线下项目操盘中取得佳绩的人，为什么我要再次学习新商业的线上操盘呢？

因为，这世界变化太快了！

现在，人们的很多工作模式和生活习惯都改变了。

各类线上业务发展迅速，各种新模式、新打法层出不穷，商业传播效率大幅提升，顺势而为的企业业绩增长显著。

所以，面对商业环境与用户需求的变化，每个组织、每个创业者，都需要用新的模式和新的工具来武装自己。

流量、产品、私域、公域、投流、发售……每一个术语背后，都有一套需要快速熟悉、灵活运用及持续迭代的打法。

在我看来，虽然线上与线下相比，使用工具有很多的不同，应用场景有不小的差异，迭代速度也不可比拟，但就项目操盘本身而言，底层逻辑还是有很多相通之处的。

在某种程度上，我们要坚守一些基本原则，做到**“以不变应万变”**。比如：

第一，研究客户需求。

无论线上还是线下，客户作为“人”的根本需求并不会改变，变的只是服务方式和服务路径。

所以，深刻理解人性，深度洞察需求，以最匹配的服务满足客户，是做好项目操盘的基本功。

第二，统筹运用资源。

资源永远是有限的，无论是人力、物力、财力，还是时间。所以，在操盘实践中，单点突破可以作为某种应急策略，但要警惕视其为长久红利的错误思维。

具有系统思维，能站在整体、大局的战略层面思考和搭建操盘策略，争取让每一个具体的操盘步骤都产生联动效应，“一鱼多吃”，才是优化运用资源的正道。

第三，动态反馈调整。

操盘策略与执行方案绝不应成为固化的指令，在操盘过程中，必须关注数据的实时反馈，随时进行复盘，及时调整行动。

三

未来的我，希望成为IP的伯乐、军师和战友。

同时，因为我自己多年来与大健康、美好生活、职业发展、个人成长领域的缘分，我将继续把时间、精力聚焦在这类主题上，支持那些有能力的IP创业者，支持他们去帮助更广泛的人群，使人们身心更健康，工作更有创造力与成就感，生活更有满足感与幸福感，拥有更加充实而丰盈的人生。

让喜欢的人被更多人看见，让认可的事发挥更大价值，助力美好的生命去影响更多生命——这，就是我作为一名操盘手的使命与意义。

所以，我为自己拟定了一个“十百千万”的目标：

- 深度服务10家企业（商业全案）；
- 深度支持100位个人IP（商业私教）；
- 深度连接1000位IP创业者（主题私董会）；
- 广泛影响10000名学员或读者（课程与著作）。

未来，将迎来一个个体影响力更加凸显的世界；未来，是一个超级个体辈出的时代。

希望在这条路上，我们有缘相遇，有缘同行，一起去创造奇迹、实现梦想！

我从未下过**操盘发售**的战场，

我一直在实战中**磨炼**自己。

驰骋于操盘发售的战场，我越战越强

芊墨

- 百万发售操盘手
- 快闪发售主理人
- 高价成交顾问

你好，我是芊墨，一名商业IP发售操盘手、在职高管。坚持不放弃让我找到了和操盘手的不解之缘！

我在三四线城市长大，却从小对商业有很大的向往，上初中时就很喜欢听《财富故事会》，对企业家的故事非常着迷。

我大学本科学的是教育专业，但毕业后放弃了当教师，选择进入企业。

十几年间，我在电力、光伏行业以及建筑咨询企业都任职过，每一个项目我都认真去做，我的工作也获得了领导和同事的认可。**但面对日复一日的重复性工作，我总在内心问自己：这真的是我想要的吗？**

于是我开始付费学习，尝试探索心理学、美学穿搭、家庭教育、线上社群等多个领域。在摸索中我发现，**“线上社群”**对我有一种吸引力。

但这条路于我并非一帆风顺。2017年，我接触了线上社群，它对我来说既新奇又陌生。为了做好群内小助理的工作，我紧张到睡不着觉，第一次线上发言也紧张到忘词。

在这里，我要感谢带我走上社群之路的张书画老师，她一开始就鼓励我组织“积极心态训练营”课程的招募活动，面对我的胆怯，她只说了一句：“能力不够，能量来凑，你可以的！”我就是凭着初生牛犊不怕虎的这股劲儿，组织了首批学员，并帮老师完成了线上百人听课、打卡、裂变。

2018年，我开始帮平台卖课；2019年，我参与了其他项目的社群运营；2020年，我参与北京创业时代输出力训练营线上线下发售，助力平台变现近百万元，我自己也获得了“社群超链接体”和“明星班主任”的称号。那时，**大家会说：“芊墨，你做社群很厉害！”**

然而，当我以为事情会这样顺利地发展下去时，市场环境突然发生了变化，平台也因此解散了。由于缺乏迭代思维，我又回到了原点，并陷入了迷茫和自我怀疑之中，经常会想：这条路我走对了吗？

即便如此，我仍然没有放弃对梦想的追求……

2022年底，我遇到了李菁老师，被她的短视频故事所吸引，不禁感叹：**这就是我向往和寻找的生活啊！**

于是，我付费靠近李菁老师。在她的社群里，我渐渐找回了自己的热情与冲劲儿。最终李菁老师看见了我的闪光点，她邀请我做线上主持。没想到，这件事竟成了我人生的转折点……

在企业里连续6年的主持经验，这时派上了用场。对于我的表现，学员们好评如潮。又一次偶然的机会，江湖格掌门也看到了我的能力。

2023年7月，我带着孩子刚从上海迪士尼回来，便收到了一条微信消息，当我打开它时，就像打开了一个宝藏一样！

这条微信消息是格掌门发来的，上面写道：**我最近和厂长筹备操盘手私董会，我们会在这个月进行发售，做一场至少影响10万～20万人的活动。我计划做共建者模式，想邀请你来做我**

们这个活动的战队长，一起打造操盘手影响力，你是否感兴趣？

这令我既惊又喜！惊的是，格掌门敢于把这场大事件的共建工作交给我；喜的是，我又有了一次靠近格掌门、近距离跟她一起学习、共同战斗的机会。于是，我立刻答应了她。

2023 年 8 月，“亿万操盘手私董会”正式发售，而我也作为产品咨询顾问参与到核心战队中，结果我以卖出 29 单的成绩，一不小心成了“销冠”，也助力平台完成了 260 万元的业绩。这时，我听到的最多的话就是：**“芊墨，你是不是之前学过销售？你太厉害啦！”**

但其实，发售期间我们每天都会熬到很晚，深夜 12 点多 IP 下播后，我们核心成员直到深夜两三点还在开复盘会议。忙的时候我顾不上吃饭，不得已把婆婆请过来帮忙做饭，身体和大脑都处于高度紧张状态。

每一场实战对操盘手的心力、智力、体力都是一次巨大的考验，好在我接住了。

紧接着，格掌门再次对我发出邀请：**芊墨，你线上发售做得不错，在线人数高，不要放弃线上，接下来我们一起接项目！**

我的眼眶湿润了……格掌门不但信任我，敢用我，而且非常懂我，总是给我很多机会。

2023 年 10 月 8 日，我又参与到了格掌门“全球操盘节”的发售中。这一次，我们的团队人数更多了，势能也翻了一番，最终我们完成了 200 多万元的发售业绩。

11 月 12 日，格掌门发起招募“IP 商业全链路线下大课”桌长的活动，我一路过关斩将，从 138 名报名者中成功入围 35 名桌长人选。之后，我参与并服务了一场 400 人的线下大课，助力平台完成了 300 多万元的业绩！**从心力、能力、愿力上，我又有了一次质的提升。**

幸运接踵而来，李菁老师给我发来信息：**芊墨，2023 年 11 月 16 日，我要做一场“梦想成真用书营”的发售活动，邀请你来做战队长，你有时间吗？**

收到信息的那一刻，我无比感恩……这一年来，李菁老师给予我太多帮助，现在我终于有机会报恩了。

但我还是迟疑了几秒，我犹豫的是：我能否帮李菁老师做好这次发售呢？因为我刚竞选上了格掌门线下大课的桌长，而李菁老师的这次“梦想成真用书营”的发售活动对她来说意义重大，我能否受人之托，忠人之事？

然而，我很快给出了答案：**我要回报李菁老师，我要鼎力支持她。即便很难，我也要全力以赴！**

令我没想到的是，正是这样纯然的发心，让我一路披荆斩棘。“梦想成真用书营”的发售从最初的 300 单，裂变到 500 单，再裂变到 800 单、1300 单……

其实，发售一开始并不顺利。由于年底大事件比较多，一开始大家对它的关注度并不高，我作为战队长，如何激发团队成员积极参与，如何邀约，如何完成总体目标——这成了我每天思考的主题和努力的方向。

我一边参加格掌门的线下大课，一边利用间隙时间挨个通知我的队友，邀请他们一起参与战斗。同时我以身作则，每天坚持裂变。终于，我的队友被激励，也被李菁老师的魅力所吸引，陆续加入发售活动中来。

星星之火，可以燎原，当大家一起向一个目标努力时，发售数据很快就升了上来。

我的努力有幸被发售顾问导师思莉校长（个人品牌导师）和IP全案发售教练雨麒老师看到，她们给了我最大的偏爱。于是我听话照做，在两位导师的鼎力支持下，在一天内完成了一场小型发售活动，单场成交90单，并最终以个人成交208单的成绩位居成交榜榜首。

我的团队最终成交了1700单，而我也成为这次活动的“人气王”。最重要的是，我没有辜负李菁老师的信任。

很多人问我：**“芊墨老师，你是怎么做到的？太厉害啦！”其实，回想这一年来，我从未下过操盘发售的战场，我一直在实战中磨炼自己。**

- 2023年5月初，我参与了秋喜教育发起的早创圈活动，并作为首批早创院长带领早创党晨读，影响上万人。
- 5月底，我又参加了秋禧教育“万能之钥”发售活动，助力平台拿到387万元的GMV。
- 5月中旬，我参加了李菁老师为猫叔打榜的“知识星球”

发售活动，帮助李菁老师拿到第二名的好成绩。

- 7 月 12 日到 8 月初，我参与了格掌门操盘手私董会的第一期发售活动，个人获得 29 万元的销售业绩，助力团队拿到 260 万元的销售业绩。
- 9 月，我参加了格掌门操盘手考证班 400 多人的线上训练营。
- 10 月 8 日到 27 日，我参与了格掌门“全球操盘节”发售活动，助力团队拿到 180 多万元的业绩。
- 11 月 18 日到 20 日，我参与了格掌门“IP 商业全链路”400 人线下大课。
- 11 月 16 日到 12 月 1 日，我助力了李菁老师“梦想成真用书营”的发售活动。

在帮助超级 IP 操盘发售的过程中，我练就了扎实的实战基本功。社群、直播、私聊、销转，一场又一场活动做完，创下一个又一个佳绩，而我的发售基本功也越来越扎实，心态也越来越稳定。

现在大家尊称我一声“芊墨老师”！

其实最初，我并不被很多人看好，他们会说：“芊墨老师，你怎么这么傻，总是在帮别的 IP 卖课，你应该去打造自己的品牌。你这么拼，值吗？”有时就连家人和身边人也不理解……

而我，就是要做一个“傻傻的”卖力支持 IP 的操盘手。**因为，一个好的操盘手，就是努力让他的 IP 被更多的人看到。**

虽然我并不是操盘手中最聪明的一个，但我更愿意全情投入，在每一次实战中全力以赴！

正是这样纯然的发心，让我一路披荆斩棘，拿到了一个又一个大咖的背书。

只有极度渴望，才有非凡付出，才能实现理想。

在这里，我要感谢每位老师对我的偏爱与托举，给予我一次次机会；也要感谢一路走来的战友、同学、亲友的支持与鼓励。

在操盘发售的过程中，我一点点帮助 IP 卖得更多，卖得更贵，卖得更好！看到 IP 在每一场发售活动中，势能越来越强，我也由衷地感到开心、喜悦。

操盘手是魔术师，懂流量入口，懂变现入口，可以帮助 IP 倍速变现，让 IP 的价值被更多人看到。

接下来我的目标就是，成为千万级的 IP 商业操盘手，帮助 10000 名 IP 成就梦想。

期待与你相遇！

人是有**多面性**的，像一颗钻石，
每一面都有**闪闪发光的**
机会。

成为一道光，操盘赋能更多发光体

何依璇（Jenny）

- 德森文化创始人 | 创始人 IP 操盘手
- 亿万继承者女性 IP 联盟发起人
- 能量打造师 | 高维智慧商学实践者

操盘了一场关于自己的“媒介传播”

机会总是留给有充分准备的选手，人要时刻为自己攒足筹码。**从“0”到“1”，可以通过操盘思维的发售开始。**

我对媒介和传播的第一个关键认知，发生在大三下半年要找工作的时候，我在校园宣讲会上邂逅了群邑集团——WPP集团旗下的细分媒体机构，当时这家公司被定义为世界上最大的广告传媒公司。我觉得那就是我梦想中的广告策划工作。

没想到，一场笔试过后我被拒之门外。我想不明白，是因为我发烧表现不佳吗？还是因为我的表达思路不对？总之，这个我梦想中的公司就这样与我失之交臂。秋招结束了，但是我心有不甘，左思右想之下，我终于决定做点不一样的事情。

看完了当时他们在宣讲会上送给我的一本关于传播学的书籍，我在想：为什么我不可以用传播论把自己包装成一个产品，“销售”给这家顶流公司呢？

传播论里提道：传播不是一次性的，而是多次触达的，有预热，第一波，第二波……

而传播，有背书是非常重要的，要有人为你站台。正好那时候，我在机缘巧合之下认识了奥美广告公司的董总监。他鼓励我说，他们选候选人是不拘一格的，广告工作就是需要有突破、有创意的人。

然后，我开始准备我的“推荐信合集”。我列了一个清单，上面分别是来自不同领域的优秀的同学，读书时代合作过的商业机构的高管，以及在某个领域中获得过公开承认的大奖得主。

在发出去的65封邮件中，我最终收到了57封推荐信！这其中有奥美广告公司的策划总监，有新东方的高管，有加拿大学校的校长，也有获得过CCTV演讲比赛奖项的大咖，还有在学校不同学院中的学生领袖……

有57个人在不同维度，在了解了我的基础上给我背书。这份礼物，让我感动落泪。而这57封推荐信，不仅是在广告领域、猎头领域，还有在其他很多机会面前，都给我带来了很多可能性。

第一波，我分别给群邑集团的HR和其旗下一家媒介公司的董事寄了一封信，告诉他们我的故事，并告诉他们我会发起第二波的传播——就是那57封推荐信，让他们感受到一个热爱广告媒体行业的小姑娘的毅力和决心。

结果没想到，那57封推荐信还在路上的时候，他们就已经被我的故事所感动，然后额外安排了一个6人面试团队，为我加了一场面试。面试之后，他们对我积极乐观的性格和策划能力都非常看好，并且在面试当天就给了我“策略策划”的录用通知书。而我心仪的“媒体策划”职位已经录用了3个新员工，于是我只能暂时放弃这次机会。

在从广州珠江新城发展中心走出来的那一刻，我真心感叹，要是我没有争取这次面试机会，我会后悔一辈子吗？无论怎样，因为我敢于去创造，我终于有了实现梦想的机会。

这段经历，给我在之后做策划工作埋下了伏笔。

那一年，作为一个小角色，通过传播和对不同媒介的策划，我尝到了见识和胆识的甜头。

IP 操盘也是如此。只要 IP 肯给操盘手一个支点，操盘手会通过发售，通过私域，通过不同维度的多次传播，就能撬动无限可能性，让 IP 逐渐占有市场和受众的心智。

操盘是一种经营人生的态度

我们因为什么而定义自己？人活在世界上，不可能只有一个身份或者一个标签。**人是有多面性的，像一颗钻石，每一面都有闪闪发光的机会。**

那么，我们要如何把自己打磨成一颗钻石，或者说我们该怎样去打磨好自己的人生呢？

作为一个“放纵不羁爱自由”的射手座女孩，在操盘自己人生这件事上，我有了很多称号。

旅行达人。用脚步丈量世界，足迹踏遍了 90 多个城市，用旅行打开自己的视野和格局。

课霸。天生喜欢提升眼界和生命自由意识的课程。毕业这些年来，每年、每季度甚至是每个月，我都会付出时间去学习；居家这几年，光是线上课我就存了 8000 多 G，更不用提这些年来学过多少线下课了。

我还是个狂热的心理学、国学、易学爱好者；还因为爱买、会买，“一不小心”成为圈内公认的“时尚达人”；也曾因为热爱旅行接触民宿设计，“顺便”获得了抖音同城的民宿软装设计师奖……

学员给我的美誉：能量打造师

没有人天生就知道自己该走哪条赛道，都是在一次又一次的尝试和体验中找到自己、确认目标。我也是这样。

在无数次的锻炼中，我才慢慢找到更完整的自己，我看到了自己天生就有连接他人的能力，能让与我交流的人畅所欲言，因为我能感知到对方最感兴趣的点，深挖，引导，对方会越说越兴奋，说完才发现自己已经分享了这么多。所以只要我在，场子就能处在一个高能状态中。

操办一场涉猎多领域的整合活动，组织一场涉及不同领域的饭局聚会，对很多人来说难如登天，但对我来说犹如呼吸一般简单。而且每次操盘，都能激活我内在更多的鲜活细胞，让我更具创造能力。

生命里有了一道声音越来越确定——去连接和赋能。这不正是操盘手所需要的特质吗？我为什么不通过操盘，赋能更多的人，让他们成为更好的自己呢？

接触操盘手赛道，我迎来了转折点

生命中有很多的巧合，但又像是冥冥之中的注定。

要成为顶尖高手，不仅仅要有知识、有见识，还要有胆识。进入一个新赛道，不仅仅是要实操，更要去靠近更高层次的高手，学习和模仿他们，服务他们，敢于向他们推荐自己，包括合作和赋能，让彼此互为贵人。

毕业后，我在财富管理赛道做了十几年，之前一直对拿到的结果不太满意。直到今年，我通过做短视频拿到了工作以来时间投产比最高的业绩——用了一个月就获得了近 7 位数的营收，这也许是很多人几年的业绩了。然后，各种竞赛、旅行经历加身，我更加看到了短视频的魅力，它能实现真正的降本增效。

与此同时，我在拜访我的企业客户时，发现要么他们的生意还停留在传统商业模式中；要么因为自己不太懂，请的运营团队也不专业，拿不到成果，而造成一系列亏损。作为“课霸”的我，那时候暗暗下了一个决心：**我要为客户守护财富**，不仅仅要为他们做财富规划，更要给他们带来更多创富维度的附加值。那么，我要怎么把接触到的新商业思维落实到这些传统企业老板的身上呢？

由此，我开始了我的操盘手生涯……

2023 年 1 月份，我迎来了我的第一批学员。其中有一个人是“潜伏”在我的朋友圈中多年却从未与我见过的粉丝。她因为一段视频找到了我，说看到了我身上爆发的能量状态。

在这个学员身上，我看到她如何一步一步突破自己，成为与过往三十多年截然不同的颠覆性的存在。她在我的多次鼓舞之下，内心充满力量，仿佛听到了生命的感召，神奇地找到了失散二十年的父亲，从此内心有了更为坚定的目标和更为自信的态度。是她让我知道，我可以借由操盘这件事，影响更多人，让他们看到自己的无限可能性。

然后我有了第二批学员、第三批学员……

而我也默默地下定决心：我一定要更精进，带着他们在商业里拿到更多的成果。我于他们，亦师亦友，这份信任不可辜负。

在 AI 操盘手的一次课程过后，我第一次遇到了格掌门——这个浑身充满吸引力的人，身上有着江湖儿女的仗义与侠气，让我觉得跟随她能让我以最快的速度进入操盘手的世界，于是我立即决定加入她的私董会。事实上，她真的不断带给了我收获与惊喜！

加入格掌门的私董会后，我有幸参与了首次签名饭局，10 天后加入私董会成员大群。大家说我的出场太“炸裂”，好多人就是因为那次出场记住了我，一下子有近百位高手主动来认识我，其中不乏顶流 IP 和各细分赛道中的优秀操盘手。

在这里，我有了更多志同道合的伙伴，大家在同一条道路上，为了共同的目标而努力，而前方还有更多的伙伴。他们的力量让我无所畏惧。未来可期。

看好全域操盘手，深耕创始人 IP 赛道

我认为，每个人都是一个小宇宙，只是他们不知道。这个小宇宙可以爆发出无限可能性，实现独特的价值。那么，什么样的角色可以让 IP 发光发亮，让他们看到自己更多维的发展可能性，并凭借他们的力量影响整个社会呢？

答案就是驰骋在数字资产赛道的操盘手。

一位千万级的操盘手曾提道：操盘手是一个很有含金量的非标准化职业，是像军师一样的存在，是要陪着君王去打胜仗的。

很多企业家本身就是自己企业的掌舵人、操盘手，可是，谁可以协助他们打造自己的个人品牌呢？谁能理解他们、帮助他们扩大影响力呢？谁又能为他们策划出时间投产比高的个人 IP 打造方案呢？只有操盘手。

人才是最好的竞品，不管哪个时代，都是人才主导的时代。一个好的创始人决定着企业能走多远，而一个充满正能量的创始人通过创造商战成果，是可以更高效地影响整个社会的发展走向的。

因此，**我聚焦了创始人 IP 赛道，深耕女性创始人赛道，深耕私域商业变现。**

为什么深耕女性力量

我的母亲去世比较早，深感遗憾的同时，我也很感恩这些年

来许多关键女性贵人对我的提点。她们会在关键时刻带我走出迷茫，带我去看广阔的世界。

这里，我特别感谢书法大家屏姐姐，我们因为书法结缘，她带我搭建了更多的人脉，给了我特别的厚爱。我还要感谢另一个萍姐姐，我们萍水相逢，但她待我情谊深厚，带我去商学院最顶尖的班里学习，带我接触上市公司的董事长，看他们如何思考、行动，见识他们的思考方式、眼界和决策力。

我的外婆和我的奶奶也都是十分优秀的女性，她们在艰苦年代依然坚韧成长。受身边优秀女性的影响，我看到了很多女性内心的渴望——女性美学、女性身心灵、女性财富管理等。

现在，是女性觉醒的时代。女性无时无刻不在成长，一个女性的觉醒可以让一个家族兴旺发达。当一个女性不断向内探索自己时，她也会期待向外展示和传播自己的价值。

如今，我十年磨一剑，找到了内心的光和热爱，找到了前进的道路。我要借助操盘手这个身份，遇见更多“发光体”，和她们一起照亮更多的人。

借由女性力量，服务高净值、高认知的女性，寻找更多的同频者。我的目标是成为华南地区的顶级全域操盘手，借由辅助有影响力的女性扩大商业影响力，与她们联盟，来推动社会发展得更加和谐与美好。

操盘手之路，我刚启航，未来任重而道远。

课程操盘的本质不是自我陶醉式猛灌干货，而是站在**用户的角度**思考问题，设计出符合人性的课程体系和策略。

从迷茫打工人到陪跑一百位素人变现两千万，我做对了什么

徐敏明（T 教练）

- 高客单课程操盘手
- 百万发售操盘手
- 翻转文化创始人

8 年专注高客单价课程设计操盘，多家亿级企业、多位百万 IP，人均为我付费几十万元。我是**高客单爆款课程设计操盘手、翻转文化创始人、国家心理咨询师，也是北京大学 & 沃顿商学院联合科技研究院高级培训指导师——徐敏明，也被称为 T 教练。**

很多人在遇到我之前，以为课程设计就是把内容一股脑塞进 PPT 里。跟我合作后才发现：课程操盘原来可以**这么轻松有趣，又处处充满高级感；**可以让客户讲到忘我，让学员越听越想听；可以让客户销转很顺利，在受益后还能不由自主地给你介绍源源不断的客户——这是来自国内顶尖院校和课程头部类公司，全国连锁 50+ 实体门店企业主、100+ 素人教育机构 IP 跟我合作后的真实评价。

成果为王，我从 2016 年至今，创业 8 年，有 3 次身份转换——**5 年创始人成长教练、2 年 IP 孵化教练、1 年知识 IP 操盘手。**

- 我原创的如何制作专业课程、高效阅读、时间管理、高效思维导图等国家版权课程，累计付费学员数量超过 20 万。
- 我原创的关于内容创作者的视频号课程曾斩获全网视频号课程播放量第一名，累计收看人次达到 295 万。
- 我还是当当网畅销书《儿童游戏化时间管理》的作者。
- 我曾为北京大学、烟台大学、中国石油大学等高校的老师，萃取制作课程产品。
- 我曾与淘宝大学、千聊、荔枝微课、印象笔记合作打造课程产品。

◕ 我给全国连锁 50+ 实体门店企业主，萃取专业知识课程，奠定了其行业培训的标准。

◕ 我陪跑 100+ 素人教育机构 IP 私域起盘，完成个人变现闭环，累计知识变现 2000 多万元。

课程操盘的本质不是自我陶醉式猛灌干货，而是真正地帮助用户，站在用户的角度思考问题，设计出符合人性的课程体系和推广策略，这样你的课程成交才能高级且顺利。

我之所以能够成为高客单课程设计的头部操盘手，得益于我 8 年的创业经验和 3 次转型经历。

扎实的高客单课程操盘能力，让我在辞职一年后就成为百度大 V、千聊教授，赚取了第一桶金。这让我一口气做了 4 门国家版权课程，做了一套关于内容创业者的视频号课程，学员近 300 万人次，一度成为全网排名第一。

3 次转型，让我彻底打通了线上线下的高客单课程体系操盘链路，让我赋能无数知识 IP 走出负营收到变现几十万，让我成为年营收破亿大咖们的课程操盘总顾问。

而今天我再次出发，想重新定义“课程操盘”——**它不是自我陶醉、不是填鸭，而是真正持久的、高级的、精进的课程体系设计与实施。**

我亲眼看到，资深 IP 不懂课程设计，拥有用户但无法转化，白白浪费流量；有的 IP 明明有很多流量，但是只卖了一堆低客单价的产品，到了销售高客单价的产品时成交却寥寥无几。

还有很多有干货知识的 IP，讲得很好，但在卖产品的时候却很少有用户下单。还有企业在产品研发上投入了很多资金，但市场表现不尽人意。出现这些现象的原因是：**他们在用传统的课程设计方法做新 IP 时代的生意。**

我曾经也是一个浑浑噩噩、一事无成，打卡上班混日子，下班打游戏到深夜的职场“咸鱼”，但是因为一路上遇到了很多贵人，我才拿到了今天这小小的成绩。

所以，我不希望好的课程滞销，有流量却没有转化，有干货的 IP 叫好不叫座。我想通过课程操盘，让更有价值的知识和技能触达更多人，帮助更多人。

各位 IP、操盘手和老板们，如果你今年想实现多倍收益，想要高级且精进的课程体系，请花 5 分钟看完我的故事，你一定大有收获。

命运多舛但我始终坚强，活下来是个奇迹

我来自苏州的一个小县城昆山，父母都在学校里工作。我从小就是个“懂事”的孩子，对父母言听计从。

而且，我从小体弱多病，好几次“踏进鬼门关”，能够活下来都是个奇迹。1989 年，3 岁的我肚子疼，被送到医院检查，结果是阑尾穿孔，需要马上做手术，否则有生命危险。因为是在县城，医疗条件不足以支撑这样的手术，所以医生建议立刻转院到地级

市医院。

但是时间紧迫，以当时的交通状况而言，马上送过去估计也错过了最佳抢救时间。父亲当机立断，请求院方无论如何马上安排手术。但是恰巧当天主刀医生休假，不在医院里，能不能及时联系上（因为那时通信尚不发达）也是个未知数。

这可真是进退维谷，而我危在旦夕！

父亲只拿到了主刀医生所住的小区的地址，没有详细门牌号，怎么办？他只能一个人一个人地问……黄天不负有心人，父亲遇到一位下楼倒垃圾的阿姨，她正是主刀医生的妻子。

后来的故事，我相信你也猜到了，我顺利地完成手术，并顽强地活了下来。

从此以后这件事情在我心中埋下了一颗种子：**我的生命不完全属于我，更属于这个世界！**

学涯曲折但我不甘平庸，每一步都在前行

2000 年，我考上了市里最好的重点高中，成为家族的骄傲。但重点高中里高手如林，我们乡下走出来的孩子和市里的孩子不管是在知识积累还是思维方式上都存在一些差距，我的学习成绩也只能勉力保持在中等水平。

2003 年，我高考失利，勉强上了一个普通本科，学习机械设计与制造。毕业后，我进入一家电子厂做笔记本主板维修，12 小

时工作制，白班夜班交替。当时我想，难道我辛苦上个大学就为了做这个?

到2012年，我在这个行业里已经工作了5个年头，做到了研发主管，有房有车、有存款有孩子。但这份工作让我丝毫没有价值感，一眼望到头的生活让我绝望，难道我的一生就只能像复印机一般生活吗?绝不!

2014年，孩子第一次喊“爸爸”，那一瞬间，我好像听到了使命的召唤，但是又有点模糊。我在想，如果我一直这样，孩子长大后会怎么看我?我就这样每天上班打卡混日子，下班玩游戏到深夜吗?

不怕你笑话，我开始思考“我到底为何而活”“我的生命有什么意义”这样的问题。我吃不好，睡不着，无比焦虑，急切地想要寻找出路。可是路又在哪里呢?我很迷茫……

此时，罗辑思维开始招募铁杆会员，我胆战心惊地参加并参与组织各种社群，最高峰时我一个人同时运营50个不同主题的社群。在这个领域里，我谁也不认识，我感觉只身一人来到了互联网浪潮之巅，备感孤独。

同时，我也发现原来人的活法各有不同，在公司里上班打工不是唯一的生活方式。各行各业的斜杠青年让我看到了人生更多的可能性。我很激动、很亢奋，每天只睡5个小时。我白天上班，晚上做副业——微商、代购、直销都尝试过，也仅仅赚了一些小钱。

但是，我总感觉自己没有找到真正的使命。

我每天忙里忙外，家里人满口怨言。作为一家之主、三十而立的男人，我一个月为了这些副业忙里忙外，才挣了几百元钱，常常羞于面对妻子和孩子，甚至不敢回家，一个人躲在车库里吸闷烟。当时我经常被人问起："你这么折腾，能多赚几个钱？"我突然意识到，这样"苍蝇模式"般乱打乱撞，没有未来，我必须找到我的目标。

转型课程操盘之路，为我带来新的希望

2016 年，知识付费刚兴起，我成为第一批入局者，开始了自己的自由讲师之旅。**我成了一名帮助他人成长的教育者，成为另一种类型的"老师"。**

但是隔行如隔山，我的第一个课程收费 19.9 元，给大家讲解育儿书，结果销量非常惨淡。但是，我不服输，继而开始了各种学习。

从 2016 年到 2018 年，我尝试过制作很多课程，还是毫无转机，仅 200 元的课程竟无人问津，我和合伙人窘迫到上街发传单。那一刻的尴尬我永远记得，我痛悟：**只有先做到自己最好的水准，才可能吸引更多资源。**我唯一能做的，就是努力地去做好一门课程。于是我开启"蜜蜂模式"，抓住所有时间学习，参加了各种知识付费课程，一年看了 100 本书。

2018 年年底，我觉得，差不多是时候了，于是我正式辞职，开始创业。然后我在 2019 年深耕一整年，成为百度大 V、千聊教授，赚取了第一桶金。

当时，我在视频号上做私教服务，一度也带出了 100 多位讲师，帮助他们研发自己的课程，开启知识付费之旅。

我一直很欣赏江南春的观点：**人生以服务为目的，赚钱是顺便的。**

毛坯承诺，精装交付——是我的做事方法。但是，因为对服务过度倾斜，痴迷交付不可自拔，我没有及时加固自己的护城河，忽略了多渠道扩展流量以及个人品牌推广。

顶峰相见，修炼自己

问题终于在 2022 年年底爆发了，虽然学员满意度极高，续费率达到了 80%，但由于流量萎缩，生意越做越差。我分析了这次失败的原因：我用了做教育的方式做商业，而更多人是在用做商业的方式做教育。两者并无高低，一切皆选择。

我痛定思痛，要提高自己的营销能力，加强变现。不仅仅是为了自己，更是为了我的学员们。

在这个艰难的时刻，我进入了亿万操盘手私董会，遇到了江湖格掌门。在这里，我不仅再次升级了自己的操盘系统，补上了自己营销能力的短板，更是把自己所有的优势做了减法，聚焦到一个定位上——**高客单课程操盘**。

我自己做课程做了5年，教别人做课程做了2年，我想我是知识付费领域里最适合帮别人进行课程操盘的人之一。

最近，我也和金刚这样的超级IP有了合作的机会，我希望未来我能帮助更多IP用课程高效传递价值，高效变现。

我始终牢记初心——**终身学习，成为自己。**

我想寻找到1000位终身教育者，帮助1000万终身学习者。**你不需要成为更好的自己，你只需要更好地成为自己，因为我始终相信——人本具足。**

现在的我在孩子面前也更有底气了，这源于——他的父亲是一位**永不止步、不断自我超越**的人。不管遇到怎样的高光时刻，也不管经历怎样的低谷洼地，我一直在路上，我要为孩子树立最好的榜样。

高客单时代，我如何帮你提升课程成交能力

我因爱而生，也想把爱分享给更多的人。而帮助IP进行课程操盘就是我传播爱的方式。

每个成交的背后不仅仅是价值交换，是一种深度的信任和托付。在面对这些信任我的学员时，我都是用心、用爱、用行动给了他们最好的交付，才逐渐地收获了那么多人的好评和推荐。

那么，我一般是怎么做交付的？分为四个步骤。

第一步：帮助 IP 设计自己的销转公开课，让 IP“不为五斗米折腰”，能更好地成为自己，才能帮助更多的人。这里要注意，公开课必须基于 IP 的正价交付课程，做卖点提炼，再倒推设计，否则很容易做成“割韭菜”的产品，这不符合我的价值观。

第二步：销转公开课之后 IP 就有了第一批能购买正价产品的用户，此时我们再帮助 IP 在一个月之内做出高价值的交付课程，并协助交付，帮 IP 完成从“0”到“1”的转变，也为用户提供更有价值的内容。

第三步：学员有了一定规模之后，为了筛选有更高付费意向和能力的学员，更高效地服务学员，此时再回头去帮助 IP 设计引流课——这是从“1”到“10”。

第四步：前三步跑通后，考虑优化整个项目的课程体系，甚至是知识付费后端实体项目，我称之为**整体操盘**——这是从“10”到“100”。

凭什么相信我，你不满意怎么办

说了这么多，你凭什么相信我呢？

第一，我有 8 年创业经验，自己做课程做了 5 年，教别人做课程做了 2 年，孵化了 126 个讲师，目前为金刚等顶流 IP 做课程操盘。

第二，我被操盘手顶流格掌门亲自在近千人的私董会群内应援，大家也送给我一个新的称号——**课程操盘手顶流**。我从曾经的小镇青年，一跃成为大咖的座上宾。

第三，底层逻辑过硬，成交体系不断进化，我的**“高客单课程操盘”体系**历经 8 年，持续迭代了 10 个版本，每次进化都是结合新场景、新人群、新需求，所以能够持续拿到成果。

你我初识，你还是不太放心怎么办？

1. 先付定金，阶段性满意再付尾款，零风险承诺。

2. 陪你修改到你满意为止。相信我，更是相信你自己。

写在最后

我们每个人的一生，都会遇到一场让人躲闪不及的风雨，别忘记那些帮助过你的人。我也是因受别人的帮助而活了下来，所以，我也希望尽自己的微薄之力，来帮助那些需要帮助的人，为别人带来如沐春风的温暖。

看完我的过往，如果你有启发和共振，那么我期待与你连接，说不定我们能一起书写出更精彩故事。

我以打造**有趣、有料、有影响力**的家庭教育 IP 为目标，致力于为家庭教育领域的 IP 提供更好的**服务和资源**。

用商业思维打造家庭教育 IP

陈大丹（Daisy）

- 商业咨询顾问
- 家庭教育 IP 操盘手

我是**大丹**，你们身边的商业顾问和家庭教育 IP 操盘手。

在这个充满机遇和挑战的时代，成为一个有影响力的人（也就是 IP）不再是一个遥不可及的梦想。但在这个瞬息万变的时代舞台上，我们只有追随时代的潮流，才能保持光彩夺目，获得卓越成就。

打造有影响力的家庭教育 IP

如果你是一名企业创始人、语文老师、心理咨询师或瑜伽老师……如果你很想打造自己的 IP，但一直无从下手，不知道自己更适合哪个平台，担心没有流量、入门较难……如果你正处于瓶颈期，正感到无措，渴望得到更多的启发，不妨停下脚步，**在接下来的 5 分钟里，跟随我一同踏上这段激动人心的启发之旅，打破瓶颈，发现更多的发展可能性。**

现如今，家庭教育已然成为一个不可忽视的高需求领域。这源于家长们在实施家庭教育时所感受到的焦虑和无助，孩子们在学习和成长路上所面临的各种困扰——迫使家长们急切寻求专业的帮助。这带给了家庭教育 IP 巨大的发展机遇。在这样的大背景下，我深知我的工作使命非凡，任务也很艰巨。

我以打造有趣、有料、有影响力的家庭教育 IP 为目标，致力于为家庭教育领域的 IP 提供更好的服务和资源。同时，通过结合教育学、心理学等多个领域的知识，我们团队努力帮助 IP 为家长们提供实用的教学方法，帮助家长们更加从容地面对家庭教育的挑战。

如果你也是一名家庭教育领域的 IP，也非常关注教育方法的有趣性、教育内容的实用性，欢迎加入我们，共同深入研究孩子们的学习心理和成长需求，为家长提供富有启发性和指导性的教育内容。通过新媒体的形式，我们希望帮助每一位家长在轻松愉悦的氛围中获取有价值的教育资源。

为了更好地服务于家庭教育领域，我们积极与家庭教育专家、教育机构建立合作关系，共同探讨**教育创新和短视频传播的融合之道**。通过团队合作，我们致力于构建一个**资源共享、信息交流**的平台，为 IP 提供更广阔的发展空间。与此同时，我们积极与家长、老师、专家等进行交流和合作，共同探讨**适合中国家庭的教育之道**。

在这里，让我来带领你一起通过商业思维的视角，着眼于如何打磨自己的个人品牌，使其在家庭教育领域独树一帜。**通过清晰定义个人品牌定位，深入研究目标受众，探索个人在家庭教育领域的独特价值，来构建一个引人注目的个人品牌。同时，创造引人入胜的内容，建立个人品牌生态系统，与受众建立真实连接，利用数据优化个人品牌推广策略，让你的个人品牌在这个竞争激烈的领域中脱颖而出。**

IP 塑造价值九步法

每一次迭代都是为了更闪耀。不管是个人 IP 还是商业品牌，都需要逐步迭代。

我也在不断地优化迭代，包括**认知提升、身份迭代、思维重构**等。我的创业思维一直在升级，认知也在求知的过程中不断被打开。因为我深知，唯有不断优化，方能成就非凡。在这个瞬息万变的领域中，我将我的思维打磨得更独特，更有价值。每一次迭代都是独特的演绎，为了在这场激烈的竞争中脱颖而出。

在这个信息泛滥的时代，如何让自己在人们的记忆中留下独特的烙印，成为一个有价值的 IP 呢？这是一个关键问题，也是大多数 IP 都在寻求的目标。在这里，我分享 **IP 塑造价值九步法**，帮你解决这个问题。

第一步，明确个人品牌定位

就像一家企业需要明确自己的市场定位一样，你的个人品牌也需要有清晰的定位。弄清楚**你想在人们心中留下的印象，强调你的独特之处，**让人们记住你是什么样的专业人士。

第二步，研究目标受众

一家成功的企业会深入了解他们的目标客户，你也应该如此。了解你的受众，**明白他们的需求和期望，以便你能够更好地服务**

他们，与他们建立起深厚的情感连接。

第三步，挖掘个人价值

企业品牌通常有一套独特的价值主张，你也可以有。思考一下：你是如何在你的领域中为他人提供价值的？是通过专业知识、创新思维，还是通过独特的人生经历？将这些元素融入你的**品牌故事**中。

第四步，构建个人品牌形象

商业思维中，品牌形象是至关重要的一环。在数字时代，你的“线上形象”同样重要。**所以你需要优化社交媒体资料，确保你的个人网站充满专业感。**同时，在线下活动中，你要保持与品牌形象一致的仪表和言行，给人留下更立体生动的印象。

第五步，持续学习与优化

商界向来注重不断学习与优化，打造个人品牌更是如此。**保持对行业趋势的敏感性，不断更新你的知识和技能。**与此同时，通过受众反馈和数据分析，不断优化你的品牌形象，使之与时俱进。

第六步，创作引人入胜的内容

在商业思维下，不仅要注重品牌形象，更需要创作引人入胜的内容。无论是文字、图片还是视频，都要注重其质量和独特性。通过分享独到的见解、经验，你能够树立起**更加深厚的专业声望**，吸引更多人的关注和认可。

第七步，建立个人品牌生态系统

一个强大的个人品牌不仅仅存在于某一个平台或领域中。在商业领域里，营造一个健康的生态系统能够使企业更具竞争力。同样，**一个强大的个人品牌，也需要建立一个生态系统来支持其发展。**因此，IP 需要**整合线上线下资源**，这包括与同行、合作伙伴，甚至是竞争对手建立良好的关系，为自己的品牌注入更多活力，并共同推动你的个人品牌向前发展。同时，**利用数据分析和市场研究来优化你的品牌推广策略**，使其更加精准和有效。这样的生态系统将使你的个人品牌更有韧性和持久力。

第八步，与用户建立真实连接

成功的关键在于与用户建立深厚的情感连接。想要成为一个有价值的 IP，你需要与你的用户建立起真实而持久的联系。通过与他们互动，倾听他们的需求，获得他们的反馈，你能够更好地了解他们，为他们提供更优质的服务和内容。积极回应用户的反馈，让他们感受到被重视和被关心，并让他们感受到你不仅是一个专业人士，更是一个真实、可信赖的个体。

第九步，持续迭代与优化

如同整个商业领域的变化无常，个人品牌也需要不断迭代和优化来适应市场变化和用户需求。**通过持续学习和观察行业动态，以及收集用户反馈，**你能够不断优化自己的品牌形象、内容和策略，使其保持竞争力。同时，随着时间的推移，你的个人品牌也将逐渐发展并走向成熟。

通过遵循以上九步方法，你将能够在竞争激烈的市场中打造一个有价值的个人品牌。同时，不断学习和迭代将使你在不断变化的环境中保持领先地位，成为人们心中独特的存在。

引领家庭教育领域的三大要素

除了上面的 IP 塑造价值九步法，想要引领家庭教育领域，打造个性化 IP，你还需要注意以下三大要素。

第一，独具特色，引领潮流

在庞大的信息海洋中，你的品牌就像一本令人沉浸的精美书籍。那要如何确保读者翻开你的故事？关键在于要**突显你的独特之处**，让你的故事成为无法替代的那部分。

通过我的引导，你将学会如何运用独特的语言表达，为自己塑造一个令人难以忘怀的品牌形象。就像料理大师用简单的食材调配出美味的食物一样，我将引导你用简洁而有深度的语言，引发用户共鸣，使你成为用户无法抗拒的“美味”。同时，在这个新媒体时代，找到适合你的平台是成功的关键，以使你的声音在信息海洋中得到回应。

第二，明确方向，有效传递

在信息爆炸的时代，如何让用户在众多声音中将焦点聚集在你的身上，让你的声音被听到？**明确你的专业领域和目标受众是第一步。**只有明确方向，才能有效传递信息，吸引目标受众，让你的品牌在众多品牌中脱颖而出。

第三，深耕专业，持续创新

明确方向后，深耕细作至关重要。持续学习、优化知识和技能，保持对行业动态的敏感度，与同行和合作伙伴保持良好关系。**创新精神是品牌成功的关键，**包括在内容创作、语言表达等方面的创新，以及在运营策略、推广方式等方面的创新。与受众建立深厚的情感连接也是不可忽视的，通过用心倾听、积极互动，让你的品牌真正深入人心。

让自己与众不同，然后明确方向，并深耕细作，这是打造个人品牌的三大关键。只有在这个方向上不断努力，你的个人品牌才能在激烈的市场竞争中脱颖而出，成为家庭教育领域独特的存在。

为你打造独一无二的品牌

在我们的合作中，我们团队将立志为你打造独一无二的个人品牌。让你能够在这个时代中脱颖而出，让你的故事被更多人听到，让你的价值得到更广泛的认可。我们将从以下几个方面入手：

挖掘独特之处

我们将一起深入挖掘你的个人经历、特点和价值，找到你与众不同的地方，让你的个人品牌更具吸引力。

精准目标定位

我们将一起分析你的目标用户，了解他们的需求和喜好，以便帮你更好地为用户提供优质的内容和服务，让你的个人品牌更贴近用户。

创新表达方式

我们将一起探索更新颖的表达方式，让你的个人品牌形象更加独特、有辨识度。这包括在内容创作、语言表达等方面的创新，以及在运营策略、推广方式等方面的创新。

建立情感连接

我们将与你一起倾听用户的声音，了解他们的需求，积极回应他们的反馈，让他们感受到被重视和被关心。通过与用户建立深厚的情感连接，让你的个人品牌更具有韧性和持久力。

让我们一同开创属于你的品牌传奇吧！

在 **IP 操盘**过程中，先完成再完美。在完成的过程中不断**优化迭代**，快速试错，逐步改进，才能永远立于**不败之地**。

IP 操盘营销之道

曼茹

- 百万私域发售操盘手
- 知识 IP 操盘成交 3000 万
- 前字节跳动、小红书高级运营

还记得当年高考结束选志愿时，我父亲在我旁边指着电脑屏幕上的志愿选项说："选财政学，将来考个公务员，稳定。"

18 岁的我，对未来一片茫然，人生的重大决策都是在父亲的指引下做的。

之后进入大学，我加入了学校新闻中心，成为主编，大三时就在百万级公众号"我要 What You Need"上发表了阅读量超 10 万的文章。

2017 年，我读大四，靠着在学校里积累的写作能力，入职了当时刚兴起的女性知识付费平台——千聊。

没有学过营销，对知识付费产品一无所知的我，入职不到一个月，就用一篇推文，帮可口可乐和浦发银行的销售培训导师卢战卡，卖出超 2000 单的知识付费产品，变现近 15 万元。

兜兜转转，我成了最早入局知识付费行业的那批人，也成了我们班第一个进入互联网行业的人。

从事知识付费行业近 7 年，我累计帮助了上百位知识 IP 人均变现超过 6 位数，操盘知识付费产品变现 3000 多万元，单场私域发售操盘变现百万元。

同时，我也让自己实现了从月薪 6000 元到存款百万元，从一个毫无选择能力的潮汕农村女孩，到现在勇于创造、即将开启 IP 操盘创业之路的人生游戏体验者。

我分享这个故事的目的，是想告诉大家**：哪怕你选择了一条世俗都认可的路，但你的天赋和热爱，终将指引你走向另一个方向。**

人生路是如此，IP 操盘也是如此。

能量思维

相信大家都听过一句话：

三流的销售卖产品，二流的销售卖服务，一流的销售卖自己。而这个“卖自己”，卖的就是 IP 的价值观及人格魅力。

硅谷的创意大师盖伊·川崎曾说：“所有营销活动的基础都是信任，无论是在互联网上还是在现实中。”

你想与一个人成交，首先你得让他信任你。

而一个越是有人格魅力、对自己的产品有足够信心的 IP，越能在短时间内获得用户的信任。

作为 IP 操盘手，如果你能够通过自己的操盘技术赋能 IP 找到自己的天赋和热爱，那么 IP 自然会生发出自信的高能量，实现快速成交。因为金钱是能量的显化，成交的本质就是金钱从低能量者流向高能量者。

这是我在 IP 操盘这条路上总结了无数失败的教训和成功的经验后，最想给大家分享的第一个 IP 操盘营销思维：能量思维。

我曾操盘过一个主持赛道的 IP，他是前海南省电视台主持人。我帮其在一年时间内从 2 万粉丝涨到全网 30 万粉丝，抖音直播间在线人数近万人，单月最高变现十多万元。

大家都知道，抖音的流量千变万化。当流量降下来后，IP 的状态也开始变得不好。他的情绪波动很大，成交量也开始遭遇滑铁卢。

当时我也没有太多情绪调控的技术，虽然跟他讨论了他情绪状态的卡点，但难以将他拉回一个稳定的状态中，只能中途结束合作。

最近，我操盘了一个 AI 赛道的 IP，做私域发售，很多人都认为这个 IP 很难变现，因为他不懂营销。

但这次发售，我成功地帮他做到了百万元销售额，甚至这个 IP 在第一天发售没有大咖连麦帮忙宣传的情况下，自己就通过直播成交了 15 单客单价为 9800 元的私董会产品。

下面，我就跟大家分享一下我是怎样让这位 IP 发生改变的。

其实，和这位 IP 合作没多久，我就觉察到他是一个情绪状态非常平稳的人。这是他创业的优势，让他能够遇万事而波澜不惊，但却是直播营销的劣势，因为没有情绪就调动不了成交。

于是，在接下来的发售合作过程中，我时常通过一些轻松愉快的玩笑和段子，让他放松下来，同时让他的情绪也变得高涨起来。

在第一天发售直播中，他不再像之前那样情绪平淡，而是整个人都情绪高涨，不少人惊叹他的直播能力竟有了这么大的进步。最终我们也成功拿下了百万销售额的发售成果。

产品思维

我要分享的**第二个 IP 操盘营销思维：产品思维。**

营销不是销售成交那刻才开始，而是从你设计产品那刻就开始了。

肖厂长也曾分享过一句话：**做一场私域发售，产品定位和私域梳理搭建才是最重要的。**

我一直认为，好的知识产品是可以“自己卖自己”的。

那什么是好的知识产品呢？

需求

这个产品是否被广泛需要，是否能切中大部分人的痛点。

成功案例

这个产品是否有足够多的被验证过的成功案例。

解决方法

这个产品解决用户问题的方法是否有差异化优势，是否有效，是否快准狠。

都说知识产品要有差异化，这个差异化的本质其实就是：谁的方法用起来更轻松有效。

大家要知道，人都是懒惰的，学习是反人性的。所以我们给的方法，一定要让用户感受到简单有效，易操作且有系统性。

打个比方，我曾负责明星健身教练的健身减脂课的营销，虽然这个课程是明星导师教学，又是解决瘦身难这个很多人都难以解决的问题，成功案例也有，但刚开始这个课还是卖得很少。

为什么呢？因为当时市场上的健身减脂课太饱和了，同质化很严重，用户要减肥，可以选择瑜伽、肚皮舞、尊巴等听起来更轻松有趣的课。

而这个健身减脂课，给用户的解决方法与其他课没有差异，也没有系统地告诉用户“为什么我能帮你瘦”。那么，用户为什么要买这个课呢？

做了大量市场调查后，**我重新给这个课确定了选题方向——高速代谢燃脂。**

先打破用户旧有的认知框架：告诉用户你瘦不下来是因为你的身体代谢过慢，让代谢变快你就能轻松瘦下来。

立框架：要提高代谢，听上去很难，但事实上产生代谢的是肌肉活性。只要做对动作，就能让肌肉活动起来。

给方法：我们这个高速代谢燃脂课分3步——激活代谢—加速燃脂—精准塑形，让你的身材又瘦又紧致。

按照这么一套方法操作下来，这个课程立马从0单逆袭4000多单，变现近30万元。

很多人都会认为，好的知识产品，是交付做得好，能让用户听得懂。其实这只是一方面。**真正好的产品，在打磨设计时，我**

们不仅要考虑如何交付能让用户发生改变，更要考虑如何设计能让用户感觉自己很需要这个产品。

做到这两点，你才能让好的产品实现“自己卖自己”。

在这里，我送一份小礼物给大家，通过这本书添加我的微信的朋友们，我都免费给大家送一份资料——**爆款知识产品打造指南**。里面是我**深耕知识付费行业 7 年所总结的营销之术**，你拿来后就可以直接按照营销模板设计你的知识产品框架，甚至直接设计你的知识产品包装。

迭代思维

下面来讲**第三个 IP 操盘营销思维：迭代思维。**

大家应该都听说过二八定律，假设现在有 100 个人都开始做 IP 操盘，一开始就能成功的只有 20% 的人，80% 的人只能得到负反馈。

注意，**这里我讲的是负反馈，而不是失败。**

在我看来，人活这一辈子，只要是你真正想实现的目标，即便当下没有实现也不能称之为失败。

暂时没有成功，只能说明你的操盘方法无效，那么在得到“方法无效”的反馈后，我们就应该将方法**迭代**。

在 IP 操盘过程中，先完成再完美。在完成的过程中不断优化迭代，快速试错，逐步改进，才能永远立于不败之地。

微信就是一个不断迭代的产品，最初很多功能都是借鉴其他聊天工具，没有自己的特色。慢慢地，一次次迭代更新，才有了后来的朋友圈、微信红包、公众号、小程序、搜一搜、摇一摇等功能。

那么在IP操盘过程中，如何做好迭代呢？

善于总结

总结在操盘过程中的一些负反馈现象，并探究产生错误决策或者使用了无效操盘方法的原因。

比如在发售过程中，我们发现入群率很低——入群率低是一个结果。那么我们要分析为什么入群率低，这就需要我们了解当前我们使用的裂变入群方式和链路是怎样的，每个环节的数据是怎样的，再看哪个环节的数据低于市场平均水平。这样分析下来，我们就知道要优化哪个部分了。

学习同行

保持“一线”学习状态，不断研究同行案例，建立同行案例分析库，总结同行做得好的地方、做得不好的地方，取长补短。

比如之前我在千聊做内容制作人时，经常会研究竞品——如荔枝微课、小鹅通等平台的爆款课趋势、爆款选题、爆款包装甚至推文标题。每当发现一个爆款因素，我就开始举一反三，进行选题方法微创新。这也让我能够持续做出爆款课程。

快速落地

总结和学习后，我们需要做的是快速落地。当你发现了一个同行成功的 IP 操盘打法策略，在你不知道它是否适合你的项目时，不要想，先去做，用小规模流量测试，尝试跑通一个 MVP 模型，验证有效后就直接放大，验证无效后就重新改进。无论是哪种结果，对你来说都是收获。

最后，我想跟大家分享一下我在做 IP 操盘时的座右铭：**一切营销终将赢在 IP 发心、产品价值和细节迭代上。**

与各位共勉！

与其一味地去想“**未来到底在哪儿**”，不如先**确定**一个小目标，然后**立刻去做**。

用自己的生命能量，照亮别人的前路

元气圆子

- 生命教练式的女性创业导师
- 亿级教育项目操盘手 + 导师
- 赋能 1.2 万女性创业成长

让热爱的事情变成职业，是梦吗？

有人说，人的一生需要有三份工作：

第一份是像出租车司机一样的工作，虽然无聊无趣，但是能维持我们的日常生活。

第二份工作是利用我们的特长，帮助他人成长。这份工作是滋养我们，让我们提升价值的。

第三份工作是慈善工作，一个微笑，一个拥抱，没有经济回报，但是能滋养我们的灵魂。

一个女性一生就应该有这样三份工作，帮助我们滋养自己的灵魂，从小我走向大我。

而我现在就做着这样一份工作。

以全职妈妈的身份开启第一次创业，让亲子阅读走进上万个家庭，在亲子阅读赛道深耕 3 年创造了 5000 万元的销售额，成为亲子阅读赛道千万级操盘手。

我带着上万名女性做有温度的商业，研发出自己的口碑课程；培养全国首批国家认证的沙龙商业策划师，在全国几百个城市中，用沙龙传递生命能量和商业智慧。

我曾对学员说：**“不要小看你的能量，对于这个世界上千千万万走夜路的人来说，太远的星星无法照亮她的路，而你刚好是她近旁的那盏路灯。”**

而我的事业，就是从这样一盏发着微光的路灯起步的。

二

30 岁的时候我放弃了之前所有的积累，让人生真正朝着向往的航向驶去，这时我才明白：**人生没有放弃，就没有得到。**

这件事，我用了 18 ~ 30 岁的一纪轮回，来细细体会。

18 岁的我，正在为考上心仪的大学最热门的专业而奋斗。22 岁的我，想要获得更高的学历、更高的台阶。

武汉的冬天异常寒冷，我至今还记得自己考研复习时那个白茫茫的雪夜。从自习室出来的我，为了省出几分钟赶回去“刷题”，穿着早上进水已经结冰的雪地靴，开始在漫天坠落的大雪中奔跑。

突然，我的耳边一阵窸窸窣窣，回头一看……昏黄的路灯下，所有从自习室里出来的同学，都开始跟着我在大雪纷飞中奔跑，犹如一起追逐一个远方的梦。

雪中一群人奔跑的画面，以壮美的姿态定格在我的记忆里。那是我前 22 年人生的一个小小的缩影。

在此以前，作为一个小山城里普通家庭的孩子，我所有的价值和成就，都来自优秀的成绩。

虽然那时“寒门难出贵子”的言论已甚嚣尘上，但考一个好的大学，找一份好的工作，似乎是我那时唯一的出路和目标。

当春暖花开，我终于走在喻家山美丽的梧桐树下时，因为复习期间每天不足 5 小时的睡眠和巨大压力下的激素变化，在女孩子最爱美的年纪里，我开始大把大把地掉头发，直到秃顶。

从头顶像发芽一般，重新长出珍贵的新头发起，我再也没有剪过我的长发。

整整十年，我至今还是一袭及腰长发。

现在回忆起来，那时创业者的种子，已经埋在了那个倔强的女孩的心里。

我要去的方向，那就坚定地前行，直到抵达为止。

如果山路不通，我就走水路，如果水路不通，我就去修桥。

进窄门、走远路、见微光，是刻在我基因里的密码。

创业需要一些“孤身走暗巷”的不屈与倔强，这种倔强能让你在摔倒一百次的时候，还拥有爬起来走出第一百零一步的力量。

但真正能支持一个创业者走下去的，绝不仅是出发时的倔强和坚韧，还需要再经历几年时光的磨砺，让心成长。

那条用成绩证明自己足够优秀的路，停在了我的 28 岁，江边那座 5A 级写字楼的 16 层。

我抱着一大袋不会再用的办公用品，离开了我毕业后的 1000 天里曾日日夜夜伏案加班奋斗的写字楼。

狼性文化、办公室政治、应酬、琐碎到没有尽头的工作，联合绞杀着一个 20 多岁的女孩的热忱。

夜夜流泪、失眠和想过很多次结束自己的生命，那时我并不知道这叫**抑郁**。

我只知道，我内心的光熄灭了，我还不到 30 岁啊！我的人生不能这样继续下去。

我站在落地窗边向外望去，置身于这家曾经成就中国一代首富的500强房企之中，望不到那个大雪纷飞的夜里我向前奔跑追逐的梦。

我坚定，我不愿在外界的价值导向中，做一只温水中的青蛙。我想活出自己独一无二的样子。

但，我该去哪儿?

巨大的憧憬在我的身体中左冲右突，我坚决却又迷茫，不知去向何方。

刚刚升职为主管的我，坚定地“裸辞”了，为前20多年没有方向的追逐画上了句号。我并不知道，一个月后，我的人生又将迎来一次转折——我当妈妈了。

三

我常说：妈妈是最温暖又有力量的“职业”。

正是妈妈这个身份，给了我追逐梦想的力量。

从自习室出来后在雪中奋力奔跑的女孩，不知道前方的路通向哪里。985高校和世界500强企业里，也没有人生幸福的秘方。

如果有一天，我的孩子问我：妈妈，我是谁?我从哪里来?我为什么要学习?我为什么要工作?我该去向何方?

作为母亲，我可以给他什么样的答案呢?

我害怕，我只能带着他走向一条和我一样的路，然后来到路的尽头，指着那堵墙说："孩子，去吧，那就是你的远方。"这不是太可悲了吗？

我希望我的孩子眼前的世界不是一堵墙，也不只是一扇窗，我希望他顺着我手指的方向，能看到更加美丽的远方：

"当你背单词时，阿拉斯加的鳕鱼正跃出水面；当你算数学题时，南太平洋的海鸥正掠过海岸；当你上晚自习时，地球的极圈正五彩斑斓。但少年，梦要你亲自实现，世界你要亲自去看。

"那些你觉得看不到的人和遇不到的风景，终将在你的生命里出现。"

于是，我启程了，这次是为了心里的那一团暖黄色的光。

后来我知道了，这团亮的、暖的、涌动的、生生不息的光叫作——爱。

人类的行为在其最深的层面都是由两种情绪所推动的：一种是爱，一种是恐惧。

能带你去向远方的，不是被社会淘汰的恐惧，而是爱。

我爱着这个世界以及所有来到我身边的人，但最重要的是：我真正地爱着自己，它不需要再被成绩或业绩证明。而是当我摸着胸口，我真切地感受到那里有一股蓬勃的、跳动的力量。

在接下来的几年里，从我的 30 岁开始，这样一份觉知把几万个和我一样的女性带到了我的身边。

这几万个与我同频的女性，和我一同开启了一段创业之旅。

三

2016年，当我离开那个深深困住我的写字楼，并不知道未来该去向何方时，我不会知道，在3年后，我以全职妈妈的身份开始第一次创业时，在家庭教育赛道上创造了5000万元的销售额，因此被称为亲子阅读千万级操盘手。

我也不会知道，在完全陌生的教育赛道上，我操盘的绘本借阅卡发售活动，创造了一周GMV近500万元的佳绩。

我更不会知道，我会带着上万名女性做有温度的事业，研发出属于自己的课程，培养出了全国首批国家认证的沙龙商业策划师，在全国几百个城市里一起传递生命能量和商业智慧。

而在这些成绩的背后，是一群和我一样的女性，曾因孩子回归家庭，但从未把孩子当作停止成长的借口。

很多女性都在生儿育女成为妈妈这个特殊的人生节点，改变了生命的航向，也爆发出前所未有的能量。

真正属于我的人生故事，从做妈妈的那一刻开始了。

我不希望我是那个在后面对孩子指手画脚的妈妈，而是和孩子肩并着肩一起成长的妈妈。

我也希望有自己的目标和方向，能处理好家庭、事业和自我成长，让孩子看到我努力奔跑的样子。

坐完月子后，**我有了成为全职妈妈以后的第一份自由职业——育儿公众号编辑。**

那些白天带娃，孩子睡着后就海量阅读、拼命码字的日子，让我养成了两个很重要的能力——**捕捉用户需要的选题的能力和创作有情绪价值的文案的能力。**

作为新手妈妈，这样的日子累吗？

经历过没有方向的混沌，才知道这种有热爱、有目标的状态是多么幸福。

我一边写作，积累育儿知识，锻炼文案写作能力；一边做起了同城社群和线下沙龙，赋能更多和我一样渴望自我成长的妈妈。

我的潜能开始被无限地激发，多么幸运啊！我喜欢的，我擅长的，我觉得有意义的，刚好是同一件事。

3 年时间，我从只拥有一个包含 800 人的朋友圈，到拥有了一个包含几千人的高黏性同城社群。

我努力成为孩子的灯塔，也成了几千名女性的指路明灯。

3 年的耕耘，我拥有了一个创业者最宝贵的财富：**“要成为一名成功的创业者，你不需要数百万粉丝。作为一名工匠、摄影师、音乐家、设计师、作家、App 研发者、企业家或发明家，你只需要 1000 个铁杆粉丝。”**

人生没有一步路是白走的，最终一定会有一条线把我们过往所有的经历都串在一起。

- 在地产公司工作的经历，造就了我强大的执行力和韧性。
- 公众号编辑的经历，练就了我的写作能力——这是我的核心竞争力之一。

- 运营妈妈社群和组织线下沙龙，提升了我的组织策划能力和分享输出的能力。

创业就像一条线，把我在过去的经历当中所形成的所有能力与品质串在了一起。

我们做的每一件事，也许不能让我们实现终极目标，但可以搭建成我们通向未来的桥。

与其一味地去想“未来到底在哪儿”，不如先确定一个小目标，然后立刻去做。

想都是问题，做才是办法。

四

用了3年走过创业者必经的自我积累、市场验证和磨炼内功，我在创业第一年，迎来了荷花满池。

组建绘本创业团队的**第一年，我用社群跑通了绘本课程的批量发售，带着几千名有情怀的教育创业者，用自己的专业和爱实现变现。**

第二年，我们实现了团体品牌化和系统化运营。通过一场全国联动周年庆，我们把亲子沙龙带到了全国各地每一个城市、街道和小区，用新人营、写作营、直播营实现团队自运转。一场和知识IP、畅销书作者、头部教育平台创始人的直播连麦，让我们创造了489万元的GMV。

第三年，我开始带领团队研发出自己的课程产品，如绘本情绪营，经营妈妈通识教育年度社群，以及公司总部策划产品升级和新品浪潮式发售。

2023年，市场焕发出新的活力，在一场梦想沙龙中，我听见了自己内心最迫切的心愿：**成为一个生命教练式的女性创业导师，陪伴10万创业女性终身成长。**

回顾创业的这几年，我用沙龙和社群起步，积累了**种子用户**，用不销而售的**清流系发售**一次又一次地实现把情怀变现，最重要的是，在创业的过程中不断地修心、成长。

这一年，我带着团队去大理旅居，帮助30个女孩举办了给自己的“婚礼”，对苍山洱海发誓，我们要终身爱自己。10月，我们团队发起婚礼沙龙全国联动。

这一年，我在全国培养了几百个城市的沙龙主理人，举办了近千场沙龙，用带着生命能量和美学体验的沙龙为身边女性提供一个精神港湾。

这一年，我开始用**治愈系沙龙和清流系发售**，带领更多女性创业者打通了自己的个体商业模式，实现了铁粉积累、资源整合、私域变现。

如果说创业有什么心法的话，那就是在每一个阶段，回过头去帮助曾经的自己。

而此时的我，正是用曾经成就自己的方式，成就更多的在成长和创业路上需要被托举的女性。

而这些闪闪发光的、不断成长的女性，会点亮更多身陷困顿里的生命。

正如那个我们共同的承诺：**不要小看你的能量，对于这个世界上千千万万走夜路的人而言，太远的星星无法照亮她的路，而你刚好是她近旁的那盏灯。**